자녀를 위한 기도문

저의 아이를 이러한 인간이 되게 하소서.
약할 때 자기를 잘 분별할 수 있는 힘과
두려울 때 자신을 잃지 않을 용기를 가지고
정직한 패배에 부끄러워하지 않고 태연하며
승리에 겸손하고 온유할 수 있는 사람이 되게 하소서.
그를 요행과 안락의 길로 인도하지 마시고
곤란과 고통의 길에서 항거할 줄 알게 하시고
폭풍우 속에서도 일어설 줄 알며
패한 자를 불쌍히 여길 줄 알게 해 주소서.
그의 마음을 깨끗이 하고 목표를 높게 하시고
남을 다스리기 전에 자신을 다스리게 하시며
미래를 지향하는 동시에 과거를 잊지 않게 하소서.
그 위에 유머를 알게 하시어 인생을 엄숙히
살아가면서도 삶을 즐길 줄 아는 마음과
자기 자신을 너무 드러내지 않고
겸손한 마음을 갖게 하소서.
그리고 참으로 위대한 것은 소박한 데에 있다는 것과
참된 힘은 너그러움에 있다는 것을 항상
명심하도록 하소서.
그리하여 저는 헛된 인생을 살지 않았노라고
나지막히 속삭이게 하소서.

– Douglas MacArthur

《기탄국어》에 대한 성원에 감사드립니다.

자녀들의 한글과 국어의 기초를 확실하게 책임지겠습니다.

지금 학부모님들 사이에서 《기탄국어》가 화제를 불러모으고 있습니다.
부담 없는 가격으로 최고의 학습 효과를 얻었다는 입소문 때문입니다.
《기탄수학》으로 쌓은 명성을 헛되지 않게 하고, 학부모님들의 기대와 성원에 부응하기
위하여 최상의 컨텐츠를 바탕으로 한 문제 한 문제 꼼꼼히 만든 결과일 것입니다.
《기탄국어》로 자녀들의 한글과 국어 기초의 확실한 틀을 잡아드리겠습니다.

학습은 놀이처럼, 놀이는 학습처럼.

한글을 처음 시작하는 유아에게는 무엇보다도 공부는 쉽고, 재미있고, 즐거운 것이라는
것을 느낄 수 있도록 지도해 주시는 것이 중요합니다.
'학습은 놀이처럼, 놀이는 학습처럼 …'
부담 없이 짧은 시간에 집중적으로 지도해 주시고, 가능한 한 칭찬을 많이 해 주십시오.
자녀들이 자신감을 가지고 학습에 임할 것입니다.

국어는 모든 과목에 영향을 주는 주요 과목입니다.

한글 학습으로 시작되는 국어 과목은 학습의 범위가 매우 넓어, 다른 과목에도 큰 영향을
미치는 주요 과목입니다. 그러므로 국어의 기초가 탄탄하게 다져지지 않으면 다른 과목에서도
좋은 성적을 받기 어렵습니다.
《기탄국어》는 새로운 교육 과정에 맞춰 한글과 국어의 기초 실력을 탄탄하게 다져 주고
창의력과 논리적인 사고력을 바탕으로 논술 실력까지 쑥쑥 키울 수 있도록 만든 학습지입니다.
총 10단계 50과정으로 엮어진 《기탄국어》는 한글과 국어의 기초를 학습하는 A~D단계 교재와
초등 학교 과정에 해당하는 E~J단계 교재로 나누어져 있습니다.
한글과 국어의 기초를 탄탄하게 다질 수 있는 《기탄국어》! 자녀들에게 안심하고 권하십시오.

학부모님들께서 《기탄국어》를 찾는 이유

최소 비용으로 최대 효과를 발휘하는 학습지로서, 기탄국어 하나면, 과외나 다른 학습지가 필요 없습니다.

학부모님들의 가장 큰 고민거리는 바로 자녀 교육 문제가 아닐까요?
남들보다 더 잘 키우고 싶으신 마음에 학습에 관한 한 어느 한 부분이라도 소홀히
할 수 없어 과외에 학원, 학습지까지 다 시키다 보니, 만만치 않은 사교육비 때문에
그동안 부담스러우셨죠?
《기탄국어》는 부모님들의 그런 마음을 최대한 고려하여 부담 없는 비용으로
국어의 기초를 탄탄하게 다질 수 있도록 특별히 기획된 맞춤 학습지입니다.
학부모님들 사이에서 최고 효과·최소 비용으로 선풍적인 인기를 끌고 있는
《기탄국어》! 내용을 꼭 한번 확인해 보신 다음, 자녀 교육에 활용해 보십시오.
틀림없이 만족하실 겁니다.

한글 떼기부터 초등 학교 논술까지 체계적인 프로그램식 학습으로 어휘력, 독해력은 물론 사고력과 창의력까지 키워 주는 학습지입니다.

유아들이 처음 시작하는 ㄱ, ㄴ, ㄷ 한글 과정부터 제7차 교육 과정에서의
듣기, 말하기, 읽기, 쓰기, 국어 지식, 문학의 6개 영역들을 체계적으로 엮어
통합적인 학습이 이루어질 수 있도록 하였습니다. 매주 동요, 동시, 생활문,
동화 등 다양한 장르의 글감을 통해 문장 이해력과 독해력을 기우고,
정서 함양과 인성 교육까지 시킬 수 있는 학습지입니다.

서점에서 또는 인터넷, 전화로 신청해서 쉽게 구입할 수 있는 학습지입니다.

모든 기탄 학습지가 그러하듯이, 《기탄국어》 역시 전국의 유명 서점에서 쉽게
구입할 수 있습니다. 단 서점에 갈 시간이 없거나, 구하기 어려우신 분은
기탄 홈페이지(www.gitan.co.kr)로 접속하시거나 전화로 신청하십시오.
즉시 우편으로 보내 드립니다.

《기탄국어》는
단계별 · 수준별 프로그램식 학습 교재입니다.

자녀의 능력에 맞는 단계부터 시작할 수 있습니다.

학습자의 나이와 학년에 관계 없이 자신 있게 풀 수 있는 단계부터 시작하여
차근차근 풀어 가다 보면, 자신도 모르는 사이에 자기의 나이나 학년보다
상위 진도로 나아갈 수 있게 기획되어 있습니다.

2, 3세 유아의 한글부터 초등 학교 6학년까지의
국어를 체계적으로 학습할 수 있는 교재입니다.

한글을 처음 배우는 유아부터 초등 학교 6학년 과정까지의 교육 내용과
교육 량을 적정화하고, 심도 있는 학습이 이루어지도록 수준별 교육 과정을
도입하여, 체계적으로 학습할 수 있는 단계별 학습지입니다.

하루 5~10분 학습만으로도 국어의 기초를 탄탄하게
닦을 수 있습니다.

학부모님의 과욕 때문에 많은 학습 량을 강요하다 보면, 어린이가
공부에 대한 흥미를 잃게 되어 오히려 역효과를 나타냅니다.
《기탄국어》는 어린이가 매일 5~10분 정도의 적은 학습량으로도 한글과
국어의 기초를 탄탄하게 다질 수 있어 공부하는 즐거움과 성취감을
동시에 느끼게 해 줍니다. 또한 어린이 스스로 공부하는 습관을 확실하게
기를 수 있도록 도와 줍니다.

자녀들 스스로 사고하고 행동하는 습관을 가지게 됩니다.

끊임없이 질문하고 대답하는 과정에서 어린이들 스스로 사고하고 행동하는
습관을 가지게 됩니다. 스스로 사고하는 습관은 어린이들이 수동적인 사고에서
탈피하여 보다 능동적으로 학습에 대처할 수 있게 합니다.

《기탄국어》는 국어의 기초를 탄탄하게 닦아 체계적인 학습 훈련을 쌓게 합니다.

- 《기탄국어》는 교과서 위주의 기본 개념만을 묻는 학습 방법에서 탈피하여, 새로운 교육 과정에 따라 학습자의 다양한 국어 사용 능력을 확실하게 높여 줍니다.

- A~D단계에서는 한글의 기초가 되는 ㄱ, ㄴ, ㄷ 학습부터 쉬운 낱말 익히기, 기본 문장 만들기 등을 학습하면서 국어 학습의 토대를 탄탄하게 마련할 수 있습니다.

- E~J단계에서는 현재 시행되고 있는 제7차 교육 과정에 따라 초등 학교 국어 과목에서 다루는 듣기, 말하기, 읽기, 쓰기, 국어 지식, 문학 영역 중심으로 문제를 구성하여 어린이가 학교 공부에 친밀감을 가질 수 있도록 하였습니다.

- 교과서에서 다루는 지문 이외에 다양한 글감을 수록하여 독해력을 향상시키고 어휘력을 증강시켜, 글에 대한 감각과 어떤 문제가 나오더라도 쉽게 풀 수 있는 자신감을 키워 줍니다.

- 새로운 교육 과정에 의거하여 창의력 향상에 중점을 둔 만다라 발상법, 마인드 맵, 체크 리스트 기법 등을 활용한 교재 구성으로, 학습자가 독창적이고 창의적인 아이디어 발상 훈련을 할 수 있습니다.

- 줄거리 요약하기, 상상하여 이어쓰기를 통해 논술의 기본이 되는 문장 표현력을 향상시켜 주며, 이를 바탕으로 아이디어 발상 훈련과 논술 기초 연습을 거쳐 실전에서 논리적인 글쓰기가 가능하도록 구성되어 있습니다.

- 국어 과목의 독해력과 문장 구사력, 어휘력 등을 향상시켜 주기 위한 문제들이 난이도별로 출제되어 있어 단계적으로 학업 성취도가 높아지게 됩니다.

- 국어 과목의 독해력과 문장 구사력, 어휘력 등을 향상시켜 주기 위한 문제들이 난이도별로 출제되어 있어 단계적으로 학업 성취도가 높아지게 됩니다.

초등학교 국어 교육 과정의 기본 방향

- 초등 학교 국어 교육은 듣기·말하기·읽기·쓰기의 언어 사용 능력 향상을 강조하고 있습니다. 언어 사용 기능은 단순한 문자 해독 기능이 아니라 정보화 사회로 접어들면서 점점 더 복잡해져 가는 사회 전반의 문제들을 합리적으로 해결하는 데 필요한 사고 기능까지 담당합니다.

- 정확한 표기와 발음, 어휘력 향상을 위한 학습 활동을 강조합니다. 어휘력은 국어 교육의 핵심 목표인 탐구 학습을 통한 지식의 활용력을 구성하는 중요한 요인 가운데 하나입니다.

- 표현과 이해 과정을 통하여 문제 해결력과 창의적인 사고력 신장을 위한 학습 활동에 역점을 두고, 듣기·말하기·읽기·쓰기·국어 지식·문학 기능이 통합적으로 조화를 이뤄 향상되어야 함을 강조합니다.

- 초등 학생 수준의 다양한 문학 작품을 많이 접하게 함으로써 작품에 나타난 인간의 삶을 이해하게 하는 등, 어린이의 정서 함양과 인성 교육에 중점을 두고 있습니다.

- 2000년부터 시행되고 있는 제7차 교육 과정에서는 특히 초등 학생의 문제 해결력 증진을 위해 논리력 향상을 목적으로 시험 형태를 논술형, 서술형으로 전환, 논리적인 말하기와 논리적인 글쓰기를 강조하고 있습니다.

국어 과목의 특성

- 국어 과목은 기초 실력과 배경 지식의 의존도가 높아서 단기간에 성적이 오르는 것을 기대하는 것은 무리입니다.
- 학습의 범위가 넓어 다른 과목의 성적에도 큰 영향을 미칩니다.
- 종합적인 언어 능력과 국어 성적은 별개일 수 있습니다. 그러나 초등 학교의 시험이 객관식에서 주관식으로 전환되면서 언어 능력이 성적과 연결될 확률이 높아지고 있습니다.
- 일반적으로 국어는 쉬운 과목이라는 오해를 하시는 학부모님들이 많습니다. 그러나 학년이 올라갈수록 학습에 부족한 부분이 누적되어 나타나기 쉬운 과목이 국어입니다.
- 국어 학습은 사고력 향상, 정서·인격 함양 등의 무형적인 성장까지 도와줍니다.

《기탄국어》교재별 학습 내용

단 계	구 분	학습 내용	학습 목표
A단계	유아	한글 자·모음의 필순을 익히고, 자·모음 쓰기와 읽기를 완성함. 한글 낱자와 쉬운 낱말을 익히는 과정	처음 한글의 자·모음 쓰기와 낱말 학습을 통해 어휘력을 신장하고, 간단한 문장 쓰기, 동화 읽기 등을 통해 독해력의 기초를 완성함. 초등 학교 입학을 위한 준비를 완벽하게 하는 것을 목표로 구성.
B단계	유아	받침 낱말과 된소리 낱말을 익히고, 여러 종류의 낱말 학습을 통해 어휘력을 확장함. 다양한 활동을 통해 상상력, 추리력, 창의력을 신장시키는 과정	
C단계	유아·초1	어려운 받침 글자로 된 낱말을 완성하고 짧은 문장 익히기 과정을 통해 간단한 문장 표현력을 익힘. 문장의 구성에 대한 이해를 높이는 과정.	
D단계	유아·초1	기초적인 문장 쓰기를 통해 문장 구성력을 신장시키고 동화, 생활문, 동시 등 이야기 글을 통해 기초 독해를 시작하는 과정.	
E단계	초 1, 2	다양한 글감을 가지고 어휘력과 창의적 사고력을 훈련하는 과정.	다양한 양식의 많은 글감을 통해 독해력 신상, 싯기, 말하기, 듣기 능력 향상을 목표로 구성
F단계	초 2, 3	다양한 양식의 지문을 가지고 내용 이해력과 독해력 향상, 이야기 글 쓰기 훈련 과정.	
G단계	초 3, 4	독해력과 상상력을 바탕으로 논리적 글쓰기의 기초를 다지는 과정.	
H단계	초 4, 5	표현력 신상과 논리적인 언어 구사 훈련을 통한 체계적 글쓰기 과정.	
I 단계	초 5, 6	다양한 한자 어휘를 효과저으로 문장에서 적용히는 논술 실전 글쓰기 과정.	
J단계	초6, 중1	배경 지식의 확장과 고급 어휘를 구사하는 능력을 키워 중학 국어에 대비.	
교재 특징		· 혼자서 스스로 할 수 있는 자학 자습용 프로그램식 학습 교재 · 새로운 교육 과정에 맞춘 단계별·수준별 학습 교재 · 다양한 양식으로 묶은 양식별 교재 · 체계적인 창의력, 논리·논술력 훈련 교재 · 사고력 향상 및 초등 학교 국어 능력 완성 교재	

자녀 지도시, 학부모 유의 사항

교재 시작

교재는 어린이의 능력에 맞추어 자신 있게 풀 수 있는 단계부터 시작하게 하십시오.
학습자의 능력보다 어려운 단계의 교재부터 시작하면 학습에 흥미를
잃어 버리게 될 염려가 있으니, 부담 없이 자신 있게 풀 수 있는 쉬운 단계부터
시작하여 조금씩 단계를 높여 상위 교재로 진행해야 합니다.

교재 사용

교재를 구입하신 다음, 사용하기 전에 꼭 주별로 표시된 대로 떼어 내십시오(분리하여
사용하기 편리하게 제본되어 있음). 그리고 매주 일주일 분량씩 자녀에게 주고 학습하게
합니다. 두꺼운 교재를 그냥 풀게 하면 아이들이 쉽게 질려 학습을 포기하게 되는 것을
방지하기 위한 조치이니 명심하시기 바랍니다.

교재 학습

교재는 매일 일정한 시간에 규칙적으로 한 번에 3장씩 풀게 하십시오.
단, 어린이의 학습 의욕과 성취도에 따라 학습량을 조절할 수는 있습니다. 가능하면
학습자 스스로의 힘으로 문제를 읽고 생각하여 답을 써 나갈 수 있도록 하십시오.
그래야만 어린이들이 스스로 공부하는 바른 학습 습관을 갖추게 됩니다.

교재 채점

매주 교재를 다 풀면 부모님께서는 자녀가 일주일 동안 푼 교재를 채점하면서
풀이 과정을 체크해 주십시오. 채점을 한 다음에는 틀린 답 옆에 정답을 적어 주시어
다음에 유사한 문제를 풀 때 같은 실수를 반복하지 않게 하시기 바랍니다.

교재 진행

《기탄국어》는 어린이의 연령, 학년에 관계 없이 학습할 수 있도록 체계적으로 세분화된
능력별·단계별 프로그램식 교재입니다. 따라서 학습자는 자신의 능력에 맞는
단계부터 시작하여 차근차근 실력을 쌓다 보면 저절로 자신이 생기고 실력이 향상되어
상위 진도로 앞서 나갈 수 있습니다.

양식별 특징과 지도 포인트

교재 매 단원 첫머리의 지문 위에 생활문, 동시 등으로 글의 양식(종류)을 명시해
놓았습니다. 자녀들 지도 시 양식에 대한 문제가 나왔을 때 당혹해 하시는 학부모님
들을 위한 표시입니다. 실상, 글의 양식에 대한 판단은 그리 쉬운 문제가 아닙니다.
이에 본란에서는 양식에 대한 설명을 자세하게 수록하여, 자녀들 지도에 참고하시
도록 하였으니, 학습에 들어가기 전에 꼭 한번 이상은 읽어 주시기 바랍니다.

● 동요
어린이의 마음을 나타낸 어린이들의 노래를 동요라고 하며, 동시에 곡을 붙여 부르기도
합니다.
▶ 자연스럽게 노래를 익혀서 가급적 가사를 모두 기억할 수 있도록 지도합니다.

● 동시
어린이를 위한 시로서, 평소 생활하면서 느낀 마음의 움직임을 리듬이 있는 언어로 짧게
표현한 글입니다.
▶ 동시의 글감을 찾을 수 있도록 학습하며, 재미있는 말이나 효과적인 표현 찾아 보기,
알맞게 끊어 읽기, 리듬을 살려 읽기, 동시의 느낌 말하기 등의 학습이 이루어지도록
합니다. 동시에 나오는 흉내말 등을 바꿔 새로운 동시를 만들어 보게 하는 것도
창의력과 리듬감을 키우는 좋은 학습 방법입니다.

● 동화
어린이를 대상으로 만들어진 재미있고 유익한 이야기로시, 꿈과 희망, 상상력을
키워 주면서 교훈적인 내용을 담고 있는 글입니다.
▶ 사건의 배경과 인물의 성격 등을 파악하고, 줄거리를 간추려 이야기하는 훈련을
통하여 논리적인 말하기 학습이 이루어지도록 지도합니다. 동화의 뒷부분이나
중간 부분을 새롭게 다시 꾸며 보는 연습을 통해서 창의력을 키울 수 있도록
지도합니다.

● 생활문
일상 생활에서 보고, 듣고, 경험하고, 느낀 것을 글로 나타낸 것입니다.
▶ 누가, 언제, 어디서, 무슨 일을 하였는지를 알게 합니다. 또한 생활문은 모든 글의
기본이 되는 양식인 만큼 낱말이나 문장 구조를 알게 하는 것도 매우 중요한 학습
지도의 요소입니다.

양식별 특징과 지도 포인트

● **일기**
하루 동안에 있었던 일이나, 보고, 듣고, 생각하고, 느낀 것을 거짓 없이 기록해 놓은 글입니다. 일기를 쓸 때는 하나의 글감과 느낌이 들어간 글이 되도록 지도합니다.
▶ '오늘은'이나 '나는'이라는 말은 꼭 필요한 부분에만 사용하고, 사소한 것이라도 생활 주변에서 소재를 찾아 느낌과 대화글을 넣어 표현하도록 지도합니다.

● **편지**
멀리 있는 사람에게나, 또는 말로 전하기 힘든 자신의 생각을 글로 써서 보내는 글입니다.
▶ 편지의 형식을 생각하며 글을 읽고, 그 내용을 이해하는 데 중점을 두어 지도합니다.

● **설명문**
어떤 문제나 사물을 상대방이 알기 쉽도록 풀어 쓴 글입니다.
▶ 설명문의 내용을 읽고 내용 간추려 말하기, 낱말의 뜻 알기와 문단을 구분할 수 있도록 지도합니다. 또한 주위에 사물을 이용하여 직접 설명해 보고 설명한 것을 다시 글로 옮겨 봄으로써 논리적인 글쓰기가 이루어 지도록 지도합니다.

● **논설문**
어떤 일이나 문제에 대하여 자기의 의견이나 생각 등을 정확한 사실에 근거를 두고 논리적으로 주장하는 글입니다.
▶ 문단의 중심 내용과 이를 뒷받침하는 보조 내용을 찾아보도록 하고, 글 속에서 사실, 의견, 상상, 느낌 등의 표현을 구분할 수 있도록 지도합니다.

● **기행문**
여행을 하면서 보고, 듣고, 겪은 일에 자기의 생각이나 느낌을 섞어 적은 글입니다.
▶ 누가, 언제, 어느 곳을 여행하고 쓴 글인지, 글쓴이가 보고, 듣고, 느낀 것이 무엇인지 알아보고, 글쓴이가 여행한 곳을 통해 무엇을 알게 되었는지 알아보며 글을 읽도록 지도합니다.

● **전기문**
실제로 존재했던 어떤 인물(영웅, 성인, 학자, 정치가, 예술가 등)에 대하여 일화나 업적을 사실대로 기록하고 그 인물에 대한 평가를 덧붙인 글입니다.
▶ 인물의 행동이나 성격에 대해 알아보고, 주인공의 주요 업적 및 배울 점을 생각해 보며 글을 읽도록 지도합니다.

● **극본**
연극을 꾸미기 위해서 쓴 글로 해설, 지문(바탕글), 대사로 구성되어 있습니다.
▶ 이야기의 배경이 되는 때, 곳, 나오는 사람들에 대해 알고, 사건이 어떻게 전개되는지 살피면서 글을 읽도록 지도합니다.

기초 탄탄에 최고 효과!

◀ 학습 관리표 ▶

금주평가	듣 기	읽 기	쓰 기	짓 기	이번 주는?
	Ⓐ 아주 잘함	Ⓐ 아주 잘함	Ⓐ 아주 잘함	Ⓐ 아주 잘함	• 학습방법: ① 매일매일　② 가끔 ③ 한꺼번에　- 하였습니다.
	Ⓑ 잘함	Ⓑ 잘함	Ⓑ 잘함	Ⓑ 잘함	• 학습태도: ① 스스로 잘 ② 시켜서 억지로 - 하였습니다.
	Ⓒ 보통	Ⓒ 보통	Ⓒ 보통	Ⓒ 보통	• 학습흥미: ① 재미있게 ② 싫증내며　- 하였습니다.
	Ⓓ 부족함	Ⓓ 부족함	Ⓓ 부족함	Ⓓ 부족함	• 교재내용: ① 적합하다고　② 어렵다고 ③ 쉽다고　- 하였습니다.

♣ 지도 교사가 부모님께	♣ 부모님이 지도 교사께

종합평가	Ⓐ 아주 잘함	Ⓑ 잘함	Ⓒ 보통	Ⓓ 부족함

원
교　　　　반　　이름　　　　　　전화

기초 탄탄한 교육·기초 탄탄한 학습
기탄교육
www.gitan.co.kr / (02)586-1007(대)

J 단계 교재 J161a-J180b 학습 내용

교재번호	내 용	분 류
161a ~ 162a	이제는 그까짓 것	동시
162b ~ 167a	해리 포터 시리즈를 읽고	독서 감상문
167b ~ 174a	한국의 전통 가옥	설명문
174b ~ 178b	탐험가 아문센	전기문
179a ~ 180a	말할 내용 조직하기	말하기
180b	高臺廣室(고대광실)	한자 성어

동시 - 이제는 그까짓 것

◆ 다음 동시를 읽고 물음에 답해 보세요.

이제는 그까짓 것

혼자서 버스 타기도
㉠겁나지 않는다, 이제는.

표시 번호 잘 보고 타고
선 다음에 차례대로 내리고
서두르지 않으면 된다.
그까짓 것.

밤 골목길
혼자서 가도
㉡무섭지 않다, 이제는.
정신 똑바로 차리면 된다,
그까짓 것.

사나운 개 내달아
컹컹 짖어 대도
㉢무서울 것 없다, 이제는.

마주 보지 말고, 뛰지 말고.
㉣천천히 걸으면 된다, 그까짓 것.

☆ 짜임 : 5연 16행　　　☆ 글감 : 그까짓 것　　　☆ 지은이 : 어효선
☆ 주제 : 그까짓 것 이제는 자신 있다.

1. 이 시의 제목에서 '그까짓'이 내포하고 있는 의미는 무엇인가요?

   ① 이제는 두려움을 이길 수 있다.

   ② 여전히 무서운 것이 많다.

   ③ 보잘 것 없는 것은 무시할 수 있다.

   ④ 두려움이 더욱 커져서 옴짝달싹도 못 한다.

2. 시어 '이제는'에 포함되지 않는 시제는 다음 중 무엇인가요?

   ① 과거   ② 현재   ③ 가까운 미래   ④ 먼 미래

3. 지은이가 무서워했던 것이 아닌 것은 무엇인가요?

   ① 혼자 밤길 가기   ② 사나운 개 옆을 지나가기

   ③ 혼자 버스 타기   ④ 불 꺼진 화장실 가기

4. 2연은 무엇에 대한 무서움을 이기려고 한 일인가요?

   ♣ _____

5. 이 시에서 주로 쓰인 표현법은 다음 중 무엇인가요?

   ① 직유법   ② 도치법   ③ 의인법   ④ 영탄법

6. ㉠~㉣처럼 문장을 표현한 이유는 무엇인가요?

① 표현하고자 하는 주제를 좀더 효과적으로 강조하기 위해서
② 시의 운율을 맞추기 위해서
③ 문장에 화려함을 더해 주기 위해서
④ 표현을 보다 사실적으로 묘사하기 위해서

7. '효과적으로 표현한 구절'은 어디인지 생각해 보고 써 보세요.

♣ _____

[심화학습] 동시 '이제는 이까짓 것'을 읽고, 같은 주제로 한 편의 이야기를 써 보세요. 단, 동시의 이야기를 엮어 쓰되, 동시의 내용이라고 할 수 있는 결과 이외에 이러한 시가 가능할 수 있었던 일, 즉 앞부분의 이야기를 창작해 시간적 구성으로 이야기를 전개해 보세요.

♣ _____

_____

_____

_____

_____

_____

_____

_____

독서 감상문 – 해리 포터 시리즈를 읽고

◆ 다음 독서 감상문을 읽고 물음에 답해 보세요.

해리 포터 시리즈를 읽고 ①

　'해리 포터'는 한 꼬마 마법사의 이름이다. 영국에 있는 '호그와 트'라는 마법 학교에 입학한 후 학교의 규칙을 벗어난 행동을 자주 하기도 하고, '퀴디치'라는 마법사들만의 스포츠를 아주 잘 하는 아이이다. 해리 포터 시리즈는 정말이지 무척이나 흥미롭고, 읽는 사람의 상상력을 초월하는 재밌는 이야기들로 가득했다.

　내가 해리 포터를 만나게 된 것은 지난 주말의 일이다. 나는 고모와 함께 새로 생긴 대형 할인 시장을 구경하러 갔었다. 고모는 예쁜 옷들과, 화장품이 아주 싸다며 이곳저곳을 둘러보셨다. 나는 조금 지루해서 잡지나 읽을까하고 서적 코너로 갔다. 그런데, 서적 한쪽 벽에 '베스트 셀러'라고 인쇄된 한 장의 종이가 눈에 띄었다. 1위가 바로 해리 포터 시리즈였다. 나도 얼마 전 친구들로부터 얼핏 아주 재밌는 책이라는 말을 듣기는 했지만 이렇게까지 많이 읽히는 책인 줄은 몰랐다. 게다가 동화책이 1위라는데 호기심이 생겼다. 그래서 고모에게 부탁해 꼬마 마법사 해리 포터를 만나게 된 것이다.

　책은 표지부터가 마법의 느낌으로 가득했다. 표지 그림은 색채까지도 신비로움을 주는 것만 같았다. 해리 포터 시리즈는 마법사의 돌이라는 첫 번째 시리즈와, 마법의 책, 아즈카반의 죄수라는 연속된 시리즈 물로 많은 양이었다.

　그렇지만, 책을 읽는 동안 ㉠많은 양이 전혀 많지 않게 느껴졌으며 책을 다 읽어 갈 때쯤엔 오히려 아쉽기까지 했다.

1. 글 ①에 나와 있지 않은 내용은 무엇인가요?

　　① 책에 대한 간단한 소개　　② 책을 읽게 된 동기
　　③ 책의 전체적인 느낌　　④ 책에 등장하는 주인공들의 성격

2. 다음 중 글쓴이가 이 책을 읽게 된 동기는 무엇인가요?

　　① 고모에게 잘 보이려고
　　② 베스트 셀러 1위에 올라 있는 책이어서
　　③ 친구들의 끈질긴 권유에 못 이겨
　　④ 선생님이 내주신 숙제였으므로

3. 글쓴이가 책의 표지에서 받은 느낌을 써 보세요.

　♣ ＿＿＿＿＿＿＿＿＿＿＿＿＿＿＿＿＿＿＿＿＿＿＿＿＿＿＿

4. 글쓴이가 ㉠과 같은 느낌을 받았다는 것이 의미하는 바는 무엇인가요?

　　① 책이 무척 지루하나.　　② 책의 양이 부족하다.
　　③ 책이 무척 재미있다.　　④ 책에 흥미가 떨어진다.

5. '가장 많이 읽혀지는 책'이라는 의미의 외래어를 찾아 써 보세요.

　♣ ＿＿＿＿＿＿＿＿＿＿＿＿＿＿＿＿＿＿＿＿＿＿＿＿＿＿＿

◆ 다음 독서 감상문을 읽고 물음에 답해 보세요.

해리 포터 시리즈를 읽고 ②

해리 포터는 원래 마법사의 아들로 태어났다. 그런데 모든 마법사들이 무서워서 ㉠그 이름도 부르기 꺼려하는 '볼드모트'라는 어둠의 마법사에게 부모님을 잃고 말았다. 해리는 어둠의 마법사인 볼드모트의 사악한 마법으로부터 목숨을 건지고, 오히려 ㉡그의 힘을 약화시켜 사라지게 만든 이유로 갓난 아기 때부터 이미 마법의 세계에서 유명한 사람이 되었다. 그리고, 그 사건 이후 해리의 이마에는 번개 모양의 흉터가 생겼는데, 사람들은 해리를 만날 때마다, 그 흉터를 신기한 듯 빤히 쳐다보며 경탄을 했다.

"와! 정말 네가 ㉢그 유명한 해리 포터야? 네가 정말 그 사람을 사라지게 한 아이가 맞아?"

하면서 말이다.

나 같으면 은근히 과장도 섞어서 모든 마법사들이 두려워하는 어둠의 마법사와의 기억도 나지 않는 싸움을 뻐기며 자랑했었을 것이다. 그러나 해리는 오히려 그런 사람들을 무척 부담스러워하고 꺼려했다. 내가 해리와 같이 유명한 사람이라면, 게다가 사람들로부터 영웅 대접을 받는다면 정말 어깨에 힘이 잔뜩 들어가 거들먹거리고 다녔을 지도 모르는 데 말이다.

언제나 착하고 정의롭고 겸손한 모습을 보인 해리는 아마도 어렸을 때부터 ㉣진정한 영웅의 면모를 가지고 있었던가 보다.

하지만, 어쩌면 해리가 아기 때 일을 기억하지 못했기 때문에 거북해 하는 게 당연했는지도 모르겠다.

1. 대명사 ㉠, ㉡이 공통으로 가리키는 것은 무엇인가요?

    ♧ _____

2. 해리 포터가 갓난 아기 때부터 마법의 세계에서 유명한 사람이 된 이유는 무엇인가요?

    ① 이마에 흉터가 있었으므로
    ② 마법사의 아들로 태어났으므로
    ③ 어둠의 마법사를 소멸시켰으므로
    ④ 아기 때부터 마법 텔레비전에 자주 나왔으므로

3. ㉢이 가리키는 의미는 무엇인지 쓰세요.

    ♧ _____

4. 글쓴이가 생각하는 ㉣의 '진정한 영웅'의 면모란 해리의 어떤 점을 보고 추측한 것인가요?

    ♧ _____

5. 해리가 거북해 하고 부담스러워한 것은 무엇이었나요?

    ♧ _____

◆ 다음 독서 감상문을 읽고 물음에 답해 보세요.

해리 포터 시리즈를 읽고 ③

해리와 마법사들은 나처럼 마법사가 아닌 평범한 사람들을 '머글'이라고 불렀다. 그리고 마법사들은 인간 세상에서 우리들, 머글들과 함께 생활하는 데 간혹 마법지팡이로 믿어지지 않는 신기한 일들을 하기도 한다. 우리 세상의 불가사의라고 불리는 것들이 혹시 정말 내 주변의 어느 마법사들의 짓이 아닐까 하는 우스운 생각이 들기도 했다.

해리는 아기 때 호그와트의 선생님들에 의해 머글 이모 집에서 자라게 되는데, 이모네 가족들은 해리의 부모님들을 무척이나 싫어해서 해리에게도 끔찍할 만큼 못된 짓을 하는 가족들이었다. 내가 만약 해리였다면 마법을 배우자마자 지팡이로 그들을 따끔하게 혼내 주었을 것이다. 책을 읽으면서 내가 책 속으로 들어가 정말 그렇게 하고 싶을 정도였다.

해리는 그를 아끼는 호그와트 마법 학교의 선생님과, 아버지의 옛 친구들이었던 분들의 도움으로 마법 교육을 차근차근 받게 된다. 그리고, 마법 학교에서 마법사 가족의 혈통을 이어받은 '론'이라는 빨강 머리 남자 친구와, 머글 태생으로 무척 똑똑하고 지혜롭지만 가끔 냉정한 공부 벌레인 '헤르미온느'라는 여자 친구와 삼총사처럼 지낸다. 그리고, '루시우스 말포이'라는 못된 녀석도 나오는데 해리와 서로 적대 관계에 있으며 아버지는 어둠의 마법사를 추종하며 온갖 악행을 뒤에서 남들 모르게 하고 다니는 나쁜 집안으로 말포이 역시 아버지처럼 나쁜 아이였다. 말포이를 보면서 정말 부전자전이란 말이 실감이 났다.

> 　　해리는 호그와트에 입학해서 여러 가지 마법 주문을 배우고, 굉장히 흥미롭고, 복잡한 스포츠인 퀴디치 시합의 선수로 활약한다. 퀴디치는 빗자루를 타고 하는 경기인데 해리는 날개 달린 황금공인 스니치라는 걸 매우 훌륭하게 찾아 내 팀을 줄곧 승리로 이끈다.

1. 해리와 마법사들이 부르는 평범한 인간의 또 다른 명칭은 무엇인가요?

　① 데빌　　　　　② 몬스터　　　　　③ 머글　　　　　④ 캐피

2. 글쓴이는 주위에서 일어나는 불가사의한 일들의 발생 원인이 어디에 있을지도 모른다고 생각했나요?

　♣ _____

3. 글 ①~③의 내용과 <u>다른</u> 것은 무엇인가요?

　① 해리 포터는 마법사의 세계에서 유명한 사람이다.
　② 마법사들은 인긴을 머글이라고 부른다.
　③ 퀴디치는 단순하고 시시한 스포츠이다.
　④ 론과 헤르미온느는 해리와 친한 친구들이다.

4. 해리 포터에 대한 설명으로 바르지 <u>않은</u> 것은 무엇인가요?

　① 루시우스 말포이와 친하게 지낸다.
　② 퀴디치를 잘 한다.
　③ 호그와트 마법 학교 학생이다
　④ 해리의 이모는 머글이다.

◆ 다음 독서 감상문을 읽고 물음에 답해 보세요.

해리 포터 시리즈를 읽고 ④

　그리고, 마법 학교에는 해리를 싫어하는 선생님도 계시고, 해리를 마음속으로 믿고 아끼는 교장 덤블도어 교수님도 계셨다. 그리고, 양호 선생님인 폼프리 부인이라는 분의 치료는 정말 신비로웠다. 사고로 한쪽 팔의 뼈가 모두 부러진 해리의 뼈를 다시 자라게 해 주고, 공포로 기절한 아이에게는 초콜릿을 먹여 치료를 하셨다. 그 밖에도 돌로 굳어진 아이들을 이름도, 모양도 특이하고 해괴하게 생긴 약초로 치료를 하셨다.

　호그와트에는 또 유령도 함께 살며, 기숙사로 통하는 문에는 커다란 그림이 그려져 있는데 그림 속의 주인공들이 모두 살아서 움직인다. 그림들끼리 서로 옮겨 다니며 소풍도 가고 파티도 하는 모습이 정말 신기했다.

식사 시간에도 음식이 그릇에 뿅하고 가득 채워졌다가, 다시 식사 시간이 끝나면 ㉠깨끗이 비워진다. 호그와트에는 신기한 일들로 가득했다.

해리가 겪는 모험담도 무척 흥미롭고 재미있었지만, 책에 등장하는 여러 가지 기발한 상상력으로 쓰여진 등장 인물과 상황들은 책을 읽는 즐거움을 더해 주었다.

1. 폼프리 부인은 학교에서 어떤 일을 담당하는 분이었나요?

    ① 심령술   ② 마법의 주문   ③ 미래 예지   ④ 치료

2. 글 **4**에서 알 수 없는 내용은 무엇인가요?

    ① 마법 학교 교장 선생님의 이름
    ② 폼프리 부인의 신비한 치료 사례
    ③ 기절한 아이 치료법
    ④ 마법 학교의 위치와 가는 방법

3. 다음 중 ㉠ '깨끗이'와 같이 낱말의 끝에 '-이'가 쓰이지 않는 것은 무엇인가요?

    ① 더욱이   ② 일찍이   ③ 갸웃이   ④ 단순이

◆ 다음 독서 감상문을 읽고 물음에 답해 보세요.

해리 포터 시리즈를 읽고 ⑤

　이 책의 작가는 한 아이의 어머니로 여자이다. 매우 가난한 시절을 보내다가 오랫동안 생각해 왔던 해리 포터의 이야기를 글로 썼다고 한다. 어른이 이렇게 재밌고 신나는 마법 이야기를 썼다는 것이 정말 믿기지 않았다. 나는 책을 읽는 내내 해리 포터에게 푹 빠져들었다.

　그리고, 책을 잠깐 덮어 두고 다른 일을 할 때에는 친구들에게 해리 포터가 하듯이 마법의 주문을 외어 보기도 하고, 내가 마법사가 되어 모험을 하는 상상에 빠져들기도 했다.

　어머니께서는 학교에서 돌아오자마자 책상에 붙어 앉아 책을 펼치는 내 모습이 더 신기하다며 내심 흐뭇해 하시기도 했다. 그래서인지 새로 출간되는 해리 포터의 다음 시리즈도 벌써 사 주기로 약속까지 하셨다. ㉠해리는 엄마에게도 나에게도 기쁨을 주고 있는 것이다.

해리 포터 시리즈에는 모험과, 새로운 세계의 신비로움, 그리고 아이들의 지혜와 용기가 담겨 있다. 나는 이 책을 읽으며 내 주위 어딘가에도 나를 '머글'이라 부르는 진짜 마법사들이 존재하지 않을까 하는 즐거운 상상을 하게 되었다. 그리고, 언젠가 망토를 둘러매고 마법의 지팡이를 휘두르며 빗자루를 타고 날아다니는 그들을 만나게 되면 나도 마법 학교에 입학하게 해 달라고 졸라 봐야겠다는 엉뚱한 생각도 가지게 되었다. 빨리 해리 포터의 다음 시리즈를 만나 봤으면 좋겠다.

1. 책을 읽으면서 달라진 글쓴이의 태도는 무엇인가요?

♣ _____

2. ㉠을 속담으로 표현하려고 할 때 가장 적절한 것은 무엇인가요?

① 도랑 치고 가재 잡고　　② 바람 앞에 등불

④ 자기 논에 물대기　　④ 돼지 목에 진주 목걸이

[심화학습] 글쓴이가 책을 읽으면서 해 본 즐거운 상상에는 어떤 것이 있는지 써 보고 여러분도 글쓴이처럼 마법에 관한 즐거운 상상을 해 보세요.

♣ _____

_____

_____

설명문 – 한국의 전통 가옥

◆ 다음 설명문을 읽고 물음에 답해 보세요.

한국의 전통 가옥 ①

　우리 나라의 전통 가옥은 자연을 거스르지 않고 자연과 인간이 공존하는 삶에 중심을 둔 주거 공간이다. 따라서 집의 구조에서부터 만드는 재료에 이르기까지 자연을 느낄 수 있도록 되어 있다.

　㉠기단 등은 돌을 사용하고, 기둥과 서까래, 문, 대청마루 등은 나무를, 벽은 짚과 흙을 섞은 흙벽으로 만들었으며, 창에는 역시 천연 나무로 만든 한지를 발랐다. 바닥에는 한지를 깐 뒤 콩기름 등을 발라 윤기 있게 하였고 방수의 역할도 했다.

　또한, 전통 가옥은 전통 사회의 생활 양식을 반영하고 있다. 집은 개인의 휴식을 위한 공간이자 농사일을 위한 보조 공간이었고, 여러 세대가 어우러져 지내는 생활 공간이자 혼례, 상례, 잔치 등 관, 혼, 상, 례를 치루는 사회 공간이었다.

　과거 우리 나라는 마을 공동체 단위의 생활을 했기 때문에 방은 개인을 위한 공간으로, 대청은 모두를 위한 열린 공간으로, 마당은 마당대로 큰일을 치루는 공간으로 쓰였다. 따라서 우리의 전통 가옥은 '개방적인' 공간 구조를 지닌다.

♤ 기단(基壇) : 건축물 · 비석 등의 기초가 되는 단.
♤ 서까래 : 마룻대에서 도리 또는 보에 걸쳐 지른 나무. 그 위에 산자를 얹음.
♤ 대청(大廳) : 한옥에서, 안방과 건넌방이나 사랑방과 건넌방 사이에 있는, 마루를 놓은 공간.
♤ 혼례(婚禮) : 혼인의 예절.
♤ 상례(常例) : 보통 있는 예.
♤ 향례(饗禮) : 귀양살이하는 곳을 다른 곳으로 옮기는 것.

1. ㉠과 같은 재료를 써서 자연을 닮은 구조로 집을 지은 이유는 무엇인가요?

   ♧ _____

2. 바닥에 바르는 콩기름의 역할을 찾아 써 보세요.

   ♧ _____

3. 우리 나라의 전통 가옥이 지닌 공간적 의미가 <u>아닌</u> 것은 무엇인가요?

   ① 개인의 휴식을 위한 공간
   ② 농사일을 위한 보조 공간
   ③ 관, 혼, 상, 례를 치루는 사회 공간
   ④ 단독 세대가 독립적으로 생활을 보장받는 공간

4. 글 ①은 주로 무엇에 대한 설명인가요?

   ① 한국 전통 가옥의 전반적인 특징
   ② 한국 전통 가옥의 유래
   ③ 한국 전통 가옥의 빌달 과정
   ④ 한국 전통 가옥을 짓는 방법

5. 우리의 전통 가옥은 어떤 공간 구조로 되어 있는 것이 특징인가요?

   ① 개별적인 공간 구조   ② 폐쇄적인 공간 구조
   ③ 개방적인 공간 구조   ④ 방어적인 공간 구조

◆ 다음 설명문을 읽고 물음에 답해 보세요.

한국의 전통 가옥 ②

　전통 주택은 양반이나 부자들이 사는 상류 주택과, 일반 서민들이 사는 서민 주택으로 구분될 수 있다.

　일반적으로 조선의 상류 주택은 ㉠내외 사상으로 여자들이 사용하는 '안' 공간과 남자들이 사용하는 '밖' 공간으로 구분이 되었다.

　'안' 공간인 '안채'는 집안의 주인마님을 비롯한 여성들의 공간이며 주택의 안쪽에 위치하였다. 가부장적 제도의 권위를 상징하는 '사랑채'는 '밖' 공간으로 집안의 가부장과 장자를 비롯한 남자들이 글공부를 하거나 풍류를 즐기던 공간이었다.

　그 외에도 전통 주택은 상하 신분 제도의 영향으로 신분의 높고 낮음에 따라 공간을 다르게 배치하였다. 상(上)의 공간인 안채와 사랑채는 양반들이, 하(下)의 공간인 행랑채는 대문간에서 가장 가까운 곳에 위치하여 머슴들이 기거하는 공간이었으며, 중문간 행랑채는 중(中)의 공간으로 중간 계층인 청지기가 거처하는 공간이었다.

　이들 공간들은 커다란 한 울타리 안에 작은 담장을 세우거나 채로 분리하여 구획하였다. 이렇게 상류 주택은 신분과 남녀별, 장유별로 공간을 분리하여 대가족이 함께 어우러져 사는 당시의 가족 생활을 고려한 공간 배치를 하였음을 알 수 있다.

♤ 풍류(風流) : 속되지 않고 운치가 있는 일. 또는, 자연을 즐겨 시나 노래를 읊조리며 풍치 있고 멋스럽게 노는 일.
♤ 채 : 집의 덩이를 세는 단위.

1. 글 2에서 설명하고자 한 것은 무엇인가요?

　　① 전통 주택의 고유 명칭　　　　② 전통 주택의 공간 배치
　　③ 주택과 전통 사상　　　　　　④ 전통가옥의 울타리

2. ㉠ '내외 사상' 이란 무엇을 의미하는지, 문맥의 의미를 살펴 답해 보세요.

　♧ ＿＿＿＿＿＿＿＿＿＿＿＿＿＿＿＿＿＿＿＿＿＿＿＿＿＿＿＿＿＿

3. '사랑채' 에 대한 설명으로 옳지 않은 것은 무엇인가요?

　　① 가부장적 제도의 권위를 상징한다.
　　② 주택의 바깥 공간에 위치한다.
　　③ 집안의 주인마님과 여성을 위한 공간이다.
　　④ 글공부나 풍류를 위한 공간이었다.

4. 다음 보기의 낱말을 옛 신분 제도상 가장 낮은 순서로 배열해 보고, 그들이
　 거처하는 공간을 써 보세요.

보기	청지기,　양반,　머슴

　순서 : ＿＿＿＿＿＿＿ ＜ ＿＿＿＿＿＿＿ ＜ ＿＿＿＿＿＿＿
　공간 : ＿＿＿＿＿＿＿　＿＿＿＿＿＿＿　＿＿＿＿＿＿＿

5. 상류 주택에서 공간을 분리 배치하는 기준으로 삼은 것은 무엇인지 모두 찾
　 아 써 보세요.

　　① 남녀별　　　② 신분별　　　③ 장유별　　　④ 촌수별

◆ 다음 설명문을 읽고 물음에 답해 보세요.

한국의 전통 가옥 ③

사회적 지위와 재력을 고루 갖추었던 조선 시대 상류층의 '솟을대문' 이 있는 주택을 '상류 주택' 이라 한다. 이들 상류 주택은 경제적 여유가 있었던 사람들이 지었으므로 규모 있게 지었으며 주택의 장식에도 섬세하게 신경을 많이 써서 대개의 상류 주택은 주택의 기능적인 면뿐 아니라 예술적인 가치가 있는 집들이다.

그러나 신분이 좀 낮은 농민이라도 재력이 있었으면 규모가 큰 중류 주택에서 살았으며 사대부, 양반과 같은 상류층 중에도 경제력이 없거나 안빈낙도의 선비 정신을 중히 여겼던 사람들은 검소한 '서민 주택' 에서 살았다.

'민가(民家)' 란 백성의 집이란 뜻이지만 일반적으로 중하류층의 일반 서민들이 살았던 집을 '민가' 라 부른다. 초가지붕은 민가를 상징할 정도로 가장 흔히 쓰인 ㉠서민 주택의 지붕 형태이다.

민가의 형태는 지형적, 기후적 여건, 지방의 경제 상태 등에 따라 규모나 건물 배치 방식이 달랐으며 특히 기후의 영향으로 지방마다 각기 다른 특색을 지닌다.

서민들은 경제적으로 풍요롭지 못했으므로 주택을 지을 때도 장식적인 면보다는 기능적인 면을 더 중시하여 대부분 방과 대청, 부엌으로 구성된 단순한 구조를 지녔다.

♧ 재력(財力) : 재물의 힘이나 재산상의 능력.
♧ 선비 : ① 조선 시대 또는 그 이전에, 유교적 교양과 학식과 인품을 갖춘 사람을 이르던 말.
② 학문을 닦는 사람을 예스럽게 이르는 말. ③ 어질고 순한 사람을 비유하여 이르는 말.

1. 글 **3**에서 상류 주택임을 상징하는 건축의 특징은 무엇인지 찾아 써 보세요.

♣ _____

2. 상류 주택이 기능적인 면뿐만 아니라 예술적인 가치를 지닐 수 있었던 까닭은 무엇인가요?

① 양반들의 손재주가 뛰어났기 때문에
② 주택을 장식하는 것이 고유한 전통이었으므로
③ 경제적 여유가 있는 사람들이 지었으므로
④ 안주인들 사이에 주택 장식이 큰 유행이었으므로

3. '안빈낙도'의 선비 정신이란 어떤 의미인지 사전을 찾아 써 보세요.

♣ _____

4. ㉠에 속하는 것은 무엇인가요?

① 기와지붕   ② 용마루   ③ 초가지붕   ④ 살내지붕

5. 민가의 건물 배치 방식과 규모에 영향을 미치지 <u>않은</u> 것은 무엇인가요?

① 기후적 여건   ② 지방의 인구 수
③ 지방의 경제 상태   ④ 지형적 여건

◆ 다음 설명문을 읽고 물음에 답해 보세요.

한국의 전통 가옥 ④

한국 전통 가옥의 지붕으로는 기와지붕과 초가지붕 두 가지가 가장 보편적이다. 부유한 집에서는 기와로 지붕을 올렸고 서민들이 거주하는 일반 농가에서는 대부분 볏짚으로 이은 초가지붕을 얹었다. 이 초가지붕은 겨울에는 열을 뺏기지 않고 여름에는 강렬한 태양열을 차단해주며 구하기 쉽고 비도 잘 스며들지 않아 지붕의 재료로 가장 널리 쓰였다.

안채의 안방과 건넌방, 사랑채의 사랑큰방 앞의 넓은 마루를 '대청' 이라 칭한다. 대청은 조선 시대 상류 주택의 의식과 권위를 표현하는 상징적인 공간이며 각각의 방을 연결하는 공간으로 오늘날 주택의 거실에 해당하는 공간이다.

여름철에 '분합문' 을 서까래 밑에 내려진 들쇠에 걸어 올려놓으면 대청은 열린 공간으로 생활의 중심이 되는 공간이 되었으며 겨울철에는 분합문을 닫아 한기를 막고 대청 공간을 아늑한 실내 공간으로 만들었다.

안채에 있는 것을 '안대청' 이라 하며 사랑채에 면해 있으면 '사랑대청' 이라 한다. 대청은 한여름의 무더위를 이기기 위해 현명하게 고안한 가옥의 구조라고 할 수 있는데 전면 또는 사방이 트여 있어 엄밀히 말하면 실내라고 할 수 없다.

대청의 바닥은 상류 주택에서 서민 주택까지 가장 일반적으로 우물마루가 쓰여졌다.

보통 사랑대청과 사랑방으로 이루어진 사랑채의 사랑방은 집안의 가장인 남자 어른이 잠을 자거나 식사를 하는 방으로 남자들의 공간이다. 사랑채는 외부로부터 온 손님들에게 숙식을 대접하는 장소로 쓰이거나 이웃이나 친지들이 모여서 친목을 도모하고 집안 어른이 어린 자녀들에게 학문과 교양을 교육하는 장소이기도 하였다.

부유한 집안의 경우는 사랑채가 독립된 건물로 있었지만 일반적인 농가에서는 주로 대문 가까이의 바깥쪽 방을 사랑방으로 정해 남자들의 공간으로 사용했다.

♤ 분합(分合) : 대청 앞쪽 전체에 드리는 긴 창살문. 분합문.
♤ 들쇠 : ① 겉창 · 분합(分合) 등을 떠올려 거는 쇠갈고리. 조철(鐵)
        ② 사람 · 문짝 등에 다는 반달 모양의 손잡이.

1. 조선 시대 상류 주택의 '대청'이 갖는 상징적인 면을 찾아 쓰세요.

♧ _____

2. 대청을 열린 공간과 닫힌 공간으로 활용하는 데 가장 중요했던 것은 무엇인가요?

① 들쇠   ② 서까래   ③ 분합문   ④ 지붕

3. 엄밀하게 대청을 실내 공간으로 볼 수 <u>없는</u> 이유는 무엇인가요?

♧ _____

◆ 다음 설명문을 읽고 물음에 답해 보세요.

한국의 전통 가옥 ⑤

조상 숭배 의식의 정착과 함께 대문으로부터 가장 안쪽, 안채의 안대청 뒤쪽이나 사랑채 뒤쪽 제일 높은 곳에 '사당' 이라는 의례 공간을 마련하기도 하였다. 보통 사당에는 4개의 신위를 모시는데 서쪽부터 고조의 신위, 증조의 신위, 할아버지의 신위를 모시며 마지막에 부모의 신위를 모신다. 각 위 앞에는 탁자를 놓으며 향탁은 최존위 앞에 놓았다.

대개의 중상류 주택은 '가묘법' 에 따라 사당을 건축하지만 사당이 없는 집도 있어 그런 집에서는 대청마루에 벽감을 설치하여 신위를 모셨다.

'찬방' 또는 '찬마루' 라고 불리는 이 곳은 오늘날의 주택의 부엌방과 다용도실 정도에 해당하는 공간으로 반가나 중, 상류 지방의 가옥에서 볼 수 있는 부엌과 인접한 공간이다. 부엌과는 문으로 연결되어 있어 부엌에서 조리된 음식을 이 곳에서 상에 올려 안방, 사랑방 등으로 내갔으며 간단한 음식은 이 곳에서 조리하였다.

이 곳에는 상을 차리는 데 필요한 그릇, 식기 등이 마련되어 있으며 음식물을 보관하기 위한 창고로도 쓰였다.

♤ 의례(儀禮) : = 의식(儀式)
♤ 의식(儀式) : 어떤 행사를 치르는 법식. 또는 정해진 방식에 따라 치르는 행사. 식전(式典)
♤ 신위(神位) : 죽은 사람의 영혼이 의지할 자리. 지방(紙榜)이나 고인의 사진 등.
♤ 향탁(香卓) : 향로를 올려놓는 좁은 탁자.
♤ 가묘(家廟) : 한 집안의 사당(祠堂)
♤ 벽감 : 장식을 목적으로 두꺼운 벽면을 파서 만든 움푹한 대(臺). = 니치(niche)

1. 글 ④~⑤에서 설명하고 있는 것은 무엇인가요?

① 한옥의 기능적 분류　　　　② 한옥의 세부 구조

③ 한옥의 구분　　　　　　　④ 한옥의 역사

2. 전통 가옥에서 '사당'은 어떤 기능을 담당하는 공간이었나요?

① 손님맞이　　　② 풍류와 학업　　　③ 개인의 휴식　　　④ 의례

3. 한옥에서 오늘날의 주택에 있는 부엌이나 다용도실에 해당하는 곳의 명칭
은 무엇인가요?

① 격감　　　　　② 조리방　　　　　③ 찬방　　　　　④ 창고

4. 다음 중 찬마루가 설치되어 있지 <u>않은</u> 주택은 무엇인가요?

① 중류층 가옥　　② 상류층 가옥　　③ 반가　　　　　④ 빈가

5. 다음 반의 관계에 있는 낱말끼리 짝지어 보려고 합니다. (　　　) 안에 들
어갈 알맞은 낱말끼리 이어진 것은 무엇인가요?

보기	안 ↔ 밖, 검소 ↔ (　　　　　), 전통 ↔ (　　　　　)

① 부유 - 현대　　　　　　② 사치 - 근대

③ 사치 - 현대　　　　　　④ 여유 - 근대

◆ 다음 설명문을 읽고 물음에 답해 보세요.

한국의 전통 가옥 ⑥

'온돌'은 열의 전도, 복사, 대류를 이용한 한국 고유의 난방 방식이다. 사계절의 변화가 뚜렷한 우리 나라는 여름에는 무덥고 겨울에는 춥기 때문에 가옥의 구조에도 계절적 온도 변화를 고려하였다.

방을 따뜻하게 데우는 구들과 여름이면 사방으로 바람이 통하도록 되어 있는 시원한 대청이 공존하는 가옥 구조를 만들었다.

(가)
추운날에는 아궁이에 불을 때서 방바닥 밑의 구들장을 데워 방 안을 따뜻하게 하였다.

아궁이에 불을 때면 그 열기로 인해서 음식이 조리되며 경사진 부넘기를 넘은 열과 연기는 아궁이로 내닫지 않고 개자리에 이른다.

열과 연기는 제자리에서 머물다가 굴뚝을 통해 빠져 나가므로 구들은 오랫동안 온기를 유지할 수 있다.

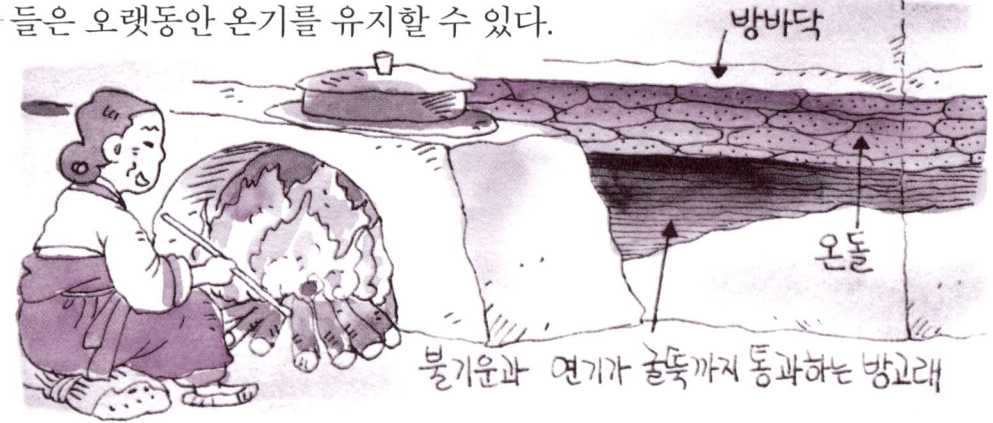

불기운과 연기가 굴뚝까지 통과하는 방고래

♤ 아궁이 : 가마나 방·솥·구덩이 같은 데에 때기 위하여 만든 구멍.
♤ 부넘기 : 온돌을 빨리 데우고 재를 가라앉히는 턱.
♤ 개자리 : 불기운을 빨아들이고 연기를 머무르게 하려고 방구들 윗목 밑으로 고래보다 더 깊이 파놓은 고랑.

1. 한국 고유의 난방 방식을 찾아 써 보세요.

   ♧ _____

   [참고] 온돌(溫突) : 아궁이에 불을 때어 그 불기운이 방바닥 밑으로 난 방고래를 통해 퍼지도록 하여 방을
   　　　　　　따뜻하게 하는 장치. 방구들.
   　　　　구들 : '방구들'의 준말.

2. 온돌식 난방 방식이 고안되어지게 된 우리 나라의 계절적 특징은 무엇인가요?

   ♧ _____

3. (가)에서 설명하고 있는 것은 무엇인가요?

   ① 온돌 난방의 재료　　　　　　　② 온돌 난방의 구조
   ③ 온돌 난방의 단점　　　　　　　④ 온돌 난방의 역사

4. 글 6을 통해 알 수 있는 내용이 아닌 것은 무엇인가요?

   ① 우리 나라는 가옥의 구조에도 계절적 온도 변화를 고려하였다.
   ② 방을 따뜻하게 데우기 위해 구들을 이용했다.
   ③ 아궁이에 불을 때서 방 안을 따뜻하게 하였다.
   ④ 구들은 쉽게 데워지지만 쉽게 식기도 한다.

5. 다음 낱말 중에서 안울림 소리가 서로 만날 때 뒤의 소리가 된소리로 변하는 '된소리 현상'이 일어나는 낱말은 무엇인가요?

   ① 국밥　　　　　② 나무　　　　　③ 공간　　　　　④ 잔치

◆ 다음 설명문을 읽고 물음에 답해 보세요.

한국의 전통 가옥 ⑦

한국의 전통 가옥에서 '문'과 '창문'은 격자무늬를 비롯한 여러 가지 무늬의 나무 창살을 만든 후 그 위에 한지를 발라 채광과 통풍을 고려하였다.

투명한 유리가 아니라 한지를 통해 비쳐 들어오는 햇살은 강렬하지 않고 은은하여 방 안 분위기를 한층 차분하고 아늑하게 만들어 준다.

한지는 채광뿐 아니라 통풍에도 유리하여 조금씩이나마 방 안의 탁한 공기가 빠져 나가고 밖의 신선한 공기가 들어오기 때문에 공기를 순환시켜 준다. 이렇게 공기를 순환시켜 줌으로써 뜨거운 구들 바닥으로 인해서 건조해지기 쉬운 방 안 공기의 온도와 습도를 항시 적당하게 유지시켜 주는 것이다.

'다락'은 안방의 아랫목쪽 벽과 부엌과 면한 벽쪽에 방바닥에서 1.5척 (45cm) 되는 곳에 설치된 수납 공간이다.

이 다락은 꿀단지 등 귀한 음식에서부터 가재 도구 등 살림살이에 필요한 잡다한 물건들을 보관하는 곳이다.

♤ 격자무늬(格子-) : 바둑판처럼 가로세로로 줄이 진 무늬. 석쇠무늬.
♤ 창살 : 창짝이나 미닫이 등에 가로세로로 지른 나무 오리.
♤ 채광(採光) : 건축물에 창 등을 내서 광선을 받아들이는 것.
♤ 통풍(通風) : 바람이나 맑은 공기가 잘 드나들 수 있게 하는 것.
♤ 다락 : 한옥에서, 부엌 천장과 지붕 사이에 물건을 보관할 수 있게 꾸며 놓은 공간.
♤ 가재도구(家財道具) : 집안 살림에 쓰는 온갖 물건.

1. 본문에 나와 있는 문과 창문에 한지를 이용했을 때의 좋은 점을 모두 고르세요.

　　① 깨져 다칠 염려가 없다.

　　② 햇살이 은은하여 아늑한 분위기를 만든다.

　　③ 공기의 순환에 좋다.

　　④ 습도와 온도를 항상 적당히 유지시켜 준다.

2. 한옥에서의 수납 공간은 어디를 말하며, 그 역할은 무엇이었는지 찾아 쓰세요.

　　♣ _____

3. 다음 낱말의 상, 하의구조를 완성해 보세요.

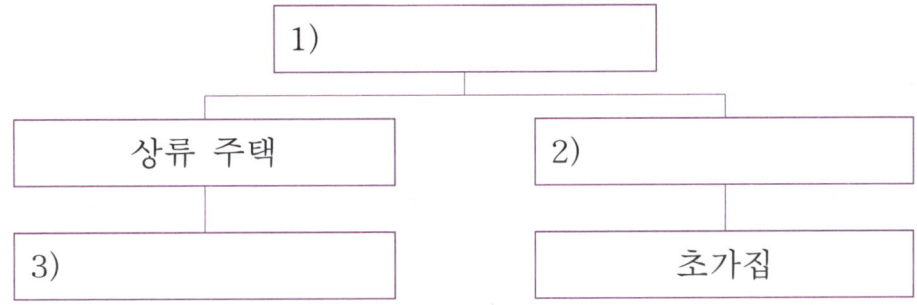

```
              ┌──────────────────┐
              │ 1)               │
              └────────┬─────────┘
          ┌────────────┴────────────┐
   ┌─────────────┐           ┌─────────────┐
   │  상류 주택   │           │ 2)          │
   └──────┬──────┘           └──────┬──────┘
   ┌─────────────┐           ┌─────────────┐
   │ 3)          │           │   초가집    │
   └─────────────┘           └─────────────┘
```

[심화학습] 우리의 전통 가옥인 한옥과 오늘날의 아파트의 주택은 어떤 공통점과 차이점이 있는지 설명해 보세요.

　　♣ _____

　　_____

　　_____

전기문 - 탐험가 아문센

◆ 다음 전기문을 읽고 물음에 답해 보세요.

탐험가 아문센 ①

아문센이 탐험가가 된 것은 결코 우연한 일이 아니었다. 그는 이미 15세 때부터 ㉠그 방향에 목표를 정하고 행동하기 시작하였던 것이다.

아문센은 노르웨이의 수도 오슬로 남쪽 수km 떨어진 곳에 있는 '보르게'라는 작은 마을에서 태어났다. 그것은 1872년 7월 16일의 일이었다.

그가 태어난 지 석 달 만에 부모는 오슬로로 이사를 갔기 때문에, 아문센도 오슬로로 가서 어린 시절을 보냈다. 그리고 초등 학교에서 고등 학교에 이르기까지 노르웨이의 정식 교육을 받았다.

그런데 가정 생활에 ㉡큰 변화가 일어났다. 14세 때 아버지가 세상을 떠났던 것이다. 그리고 아문센의 형은 스스로 자기의 앞길을 개척하기 위해서 집을 떠났다. 이리하여 집에는 어머니와 아문센 단 두 사람만이 남게 되었다.

어머니는 아문센에게 의학 공부를 시키려 하였으나, 그것은 어머니만의 생각이지 아문센에게는 ㉢그럴 마음이 전혀 없었다.

15세가 되었을 때, 그는 영국의 대탐험가인 존 플랭클린(1786~1847)이 쓴 책을 몇 권 구했다. 아문센은 그 책을 읽어 가는 동안 플랭클린의 용기에 큰 감명을 받았다. 그것이 아문센으로 하여금 탐험가가 되게 한 계기가 되었다.

1. 아문센은 언제 어디서 태어났나요?

   1) 언제 : _____

   2) 어디서 : _____

2. ㉠ '그 방향'의 의미는 무엇인가요?

   ♣ _____

3. 아문센에게 일어난 ㉡의 '변화'란 어떤 것이었나요?

   ① 이사를 가게 된 것　　　　② 아버지가 돌아가신 것

   ③ 홀로 독립하게 된 것　　　　④ 학교는 그만두게 된 것

4. ㉢의 '그런 마음'이란 어떤 것을 말하나요?

   ♣ _____

5. 아문센이 탐험가가 될 수 있었던 계기가 된 것은 무엇인가요?

   ① 어머니의 격려와 지원

   ② 영국 탐험가인 존 플랭클린의 책을 읽고

   ③ 형의 개척 정신에 영향을 받아

   ④ 아버지의 유언이 있었으므로

◆ 다음 전기문을 읽고 물음에 답해 보세요.

탐험가 아문센 ②

북서 항로를 개척하기 위해 4백 년에 걸쳐 실패에 실패를 거듭한 많은 영국 사람 가운데서도, 존 플랭클린만큼 용감한 사람도 없는 것 같았다.

어느 때 플랭클린이 탐험에서 돌아오는 대목을 읽은 아문센의 감동은 영원히 지워지지 않는 것이었다.

(가) 그것은 아메리카 인디언의 캠프에 이르렀을 때의 일이었다. ㉠거기에는 몇몇 동물의 뼈를 제외하고는, 먹을 것이라고는 아무것도 없었다. 그런 가운데서 일행과 함께 3주일 동안이나 눈보라와 싸우면서 견디어 내는 괴로운 경험이 생생하게 그려져 있었다.

그들은 목숨을 유지하기 위해 자기가 신고 있던 가죽 구두를 씹어 가면서 인간이 살고 있는 데까지 갔던 것이다.

그들이 용감하게 맞서 싸운 대자연의 시련, 그 고난, 자기도 이와 같은 고난을 극복해 보겠다는 의지가 아문센의 마음 속에 싹터 올랐던 것이다.

하지만 이런 기분을 어머니가 이해해 줄 것 같지는 않았다. 그러므로 아문센은 그 결심을 어머니에게는 말하지 않았다. 하지만 어떤 일이 있더라도 탐험가가 되겠다고 그는 결심하였다.

1. (가)에 대한 설명으로 바르지 <u>않은</u> 것은 무엇인가요?

   ① 플랭클린의 탐험기 중 한 부분이다.
   ② 아문센이 가장 감동받은 책의 내용이다.
   ③ 아문센의 느낌이 들어 있다.
   ④ 책에 등장하는 인물은 아문센 자신이다.

2. ㉠이 가리키는 곳은 어디인가요?

   ♣ _____

3. 아문센이 플랭클린 탐험기를 읽으며 가지게 된 마음가짐은 무엇인가요?

   ♣ _____

4. 다음 중 전기문의 구성 요소가 <u>아닌</u> 것을 모두 골라 보세요.

   ① 인물   ② 사건   ③ 배경   ④ 지문   ⑤ 대사

5. 이 글은 누구의 일대기를 담고 있나요?

   ♣ _____

◆ 다음 전기문을 읽고 물음에 답해 보세요.

탐험가 아문센 ③

　그 뒤부터 아문센은 자신의 육체를 단련하는 데 온갖 힘을 기울였다.

　정직하게 말해서 축구는 그다지 좋아하지 않았으나, 몸을 단련하기 위해서 억지로 하였다. 스키는 아주 좋아하였으므로 특히 열심히 하였다. 11월부터 4월까지의 기회를 놓치지 않고 끊임없이 밖으로 뛰쳐나갔다.

　오슬로 교외 도처에 있는 언덕이나 산을 뛰어다니며, 언젠가는 반드시 실현될 대탐험에 대비하여 몸을 단련했다.

　어느 집이나 겨울에는 창문을 닫아 두는 것이 보통이었으나 아문센은 자신을 훈련하기 위해서 창문을 열어 놓고 잠을 잤다. 이 때문에 모두들 그를 미친 사람이라 비웃었고, 어머니도 몇 번이나 야단을 쳤다.

　"저는 신선한 공기를 좋아하기 때문이지요……."
하고 언제나 같은 대답을 되풀이하는 것이었다.

18살에 고등 학교를 졸업하고, 어머니의 희망에 따라 의과 대학에 들어갔다.

대부분의 어머니와 같이 그의 어머니도 자기 자식이 어머니 말을 잘 듣고 열심히 공부하는 학생이라 생각하고 있었다. 그러나 어머니는 그가 21살 때 세상을 떠나고 말았다. 어머니는 아문센이 전혀 다른 길을 택하려고 결심한 것을 모르고 눈을 감았던 것이다.

그는 얼마 뒤 대학을 그만두었다. 그리고는 굳은 의지로써 ㉠인생의 꿈을 향해 먼 길을 달려가기 시작하였다.

1. 아문센이 좋아하지도 않는 축구를 한 이유는 무엇 때문이었나요?

   ① 어머니의 기대에 부응하기 위해
   ② 학교의 대표 선수였기 때문에
   ③ 체력을 단련시키기 위해
   ④ 나라에서 권장하는 운동이었으므로

2. 아문센이 한 겨울임에도 창문을 열어 놓고 잠을 잔 까닭은 무엇인가요?

   ① 대탐험 때 겪게 될 추위에 대비하여 미리 훈련을 하는 것이었다.
   ② 집 안에 온도가 너무 높아 잠을 이룰 수 없었기 때문이었다.
   ③ 맑은 공기를 집 안에 가득 채우기 위해서였다.
   ④ 밖에서 일어나는 일들을 재빨리 소리를 듣고 알아 내기 위해서였다.

3. ㉠이 의미하는 '꿈'은 무엇을 말하나요?

   ♣ _____

◆ 다음 전기문을 읽고 물음에 답해 보세요.

탐험가 아문센 ④

아문센은 대학에서 의학을 전공했지만 북극 탐험에 관심을 가지고 지자기 공부를 게을리 하지 않고 있었다. 그러나 난센에 이어 미국의 R.E.피어리가 1909년 북극점을 정복하자, 방향을 남극으로 돌려 1911년 12월 14일에 드디어 남극점을 최초로 정복했던 것이다.

아문센이 남극을 정복함에 있어서 다음과 같은 난센과의 숨은 얘기가 있다.

어느 날 난센의 집에 건장하게 생긴 젊은이가 찾아왔다. 난센이 응접실로 데려와 누구냐고 물으니 그는 이렇게 대답했다.

"예, 저는 아문센이라는 사람입니다. 선생님께 부탁드릴 일이 있어서 이렇게 찾아왔습니다."

하고 우렁차게 말했다.

난센은 당돌하면서도 용기 있어 보이는 이 젊은이가 마음에 들었다.

"무슨 부탁이요? 어서 말해 보구려."

하고 난센이 물으니 아문센은

(나)
"선생님께서 이미 북극을 탐험하시고, 지금은 남극 탐험을 준비하고 계신다는 얘기를 들었습니다. 그런데 그 일을 제게 양보해 주실 수 없겠습니까?"

라고 말했다.

"양보?"

하며 궁금한 듯 난센이 묻자

"예, 선생님께서 젊은 저를 위해 남극 탐험을 단념해 주십시오.
그리고 저를 도와 주십시오."

하고 아문센이 씩씩하게 말했다. 난센은 젊은 아문센의 패기 있는
행동이 마음에 들었다. 그는 쾌히 승낙을 했고 아문센은 그의 기대
를 저버리지 않고 남극 탐험에 성공했다. 두 사람의 뜻깊은 만남이
남극 탐험의 성공적인 결실을 가져온 것이다.

　　이 이야기는 마치 우리의 고전 소설 연암 박지원의 〈허생전〉을
연상시킨다. 책만 읽으며 끼니를 연명하던 선비 허생이 당시 한양
제1부자(富者)인 변부자(富者)를 찾아가 1만 냥을 꾸어 달라고 당
돌하게 말하니, 변부자(富者)가 흔쾌히 내주었다는 내용이다. 물론
이 두 사람도 생면부지(生面不知)의 사람이었다. 패기와 용기 그리
고 너그러움이 엮어 낸 이 이야기에서 우리는 또 하나의 성공 방법
을 배울 수 있다.

♧ 지자기(地磁氣) : 지구 자기.

1. 아문센이 최초 탐험지로 관심을 갖은 곳은 어디였나요?

　① 희망봉　　　　② 남극　　　　③ 북극　　　　④ 아메리카

2. 아문센의 업적은 무엇인가요?

　① 북극점을 최초로 정복한 것

　② 남극점을 최초로 정복한 것

　③ 남극의 빙하 속에서 고대 유적을 찾아 낸 것

　④ 최초로 해저 탐험을 시도한 것

3. 아문센이 탐험지를 변경한 이유는 무엇인가요?

♧ _____

4. '피어리', '난센', '아문센'의 공통점은 무엇인가요?

♧ _____

5. 글 (나)에 나오는 아문센과 난센의 일화와 우리 고전 소설 '허생전'의 공통점과 차이점을 써 보세요.

1) 공통점 : _____

2) 차이점 : _____

[심화학습] 아문센은 하나의 꿈을 향해 오랜 기간 동안 훈련을 쌓고 많은 노력을 기울였습니다. 여러분은 어떤 꿈을 향해 어떤 노력을 하고 있으며, 앞으로 어떻게 할 것인지 포부를 밝혀 보세요.

♧ _____

_____

_____

_____

♣ 말할 내용 조직하기

◆ '화제에 따른 내용 조직하기' 를 하려고 합니다. 다음 물음에 답해 보세요.

1. '나의 가족' 이라는 화제를 정하고 나서 말할 내용을 조직하려고 합니다.
   다음 빈 곳을 알맞게 써 보세요.

   〈나의 가족〉

   · 구성원 : 1) ＿＿＿＿＿＿＿＿＿＿＿＿＿＿＿＿＿＿＿

   · 취미 : 2) ＿＿＿＿＿＿＿＿＿＿＿＿＿＿＿＿＿＿＿

   · 성격 : 3) ＿＿＿＿＿＿＿＿＿＿＿＿＿＿＿＿＿＿＿

   · 4) ＿＿＿＿＿ : 5) ＿＿＿＿＿＿＿＿＿＿＿＿＿＿

2. '나의 가족' 에 대한 세부적인 내용을 정했으면, 화제에 맞게 말할 내용을
   정리해 보세요.

   ♣ ＿＿＿＿＿＿＿＿＿＿＿＿＿＿＿＿＿＿＿＿＿＿＿＿＿

◆ '시간과 공간에 따른 내용 조직하기'를 하려고 합니다. 다음 물음에 답해 보세요.

1. 친구에게 우리 집의 구조를 알려 주려고 알 때 어떤 방법으로 내용을 조직해서 말해야 친구가 이해하기 쉬울까요?

① 비교와 대조의 방법 　　② 공간적 순서에 따라
③ 시간이 순서에 따라 　　④ 영화의 줄거리

2. 다음 중 공간적 구성으로 말하기에 알맞지 <u>않은</u> 것은 무엇인가요?

① 어머니의 모습 　　② 우리 교실
③ 거리의 풍경 　　④ 영화의 줄거리

3. 다음 중 시간적 구성으로 말하기에 알맞지 <u>않은</u> 것은 무엇인가요?

① 여행담 　　② 인물의 생애
③ 동, 식물의 성장 과정 　　④ 친구의 얼굴

4. '공간에 따라 내용을 조직하여 말하기'를 할 때 유의할 점으로 <u>틀린</u> 것은 무엇인가요?

① 일반적으로 위에서 아래로 조직한다.
② 일반적으로 왼쪽에서 오른쪽으로 조직한다.
③ 일반적으로 가까운 곳에서 먼 곳으로 조직한다.
④ 반드시 일반적인 방향과 순서를 따라야 한다.

◆ '비교와 대조에 따른 내용 조직하기'를 하려고 합니다. 다음 물음에 답해 보세요.

1. 비교나 대조의 방법으로 내용을 조직할 때 유의점으로 알맞지 <u>않은</u> 것은 무엇인가요?

① 대상은 반드시 두 가지 이상이어야 한다.

② 대상들은 서로 다른 종류의 것이어야 한다.

③ 비교와 대조의 방법을 동시에 사용할 수도 있다.

④ 듣는 이가 잘 알고 있는 대상과 견주어야 한다.

⑤ 비교와 대조의 기준은 말하는 목적에 맞아야 한다.

2. 다음은 '라디오와 텔레비전'을 비교하기 위해 선정한 내용입니다. 비교의 방법으로 조직할 때 적절한 내용을 모두 골라 보세요.

① 대중 전달 매체이다.

② 사회에 미치는 영양이 크다.

③ 다양한 상황을 상상할 수 있다.

④ 다양한 생활 정보를 제공한다.

⑤ 소리와 화상을 전달 받는다.

⑥ 휴대기 간편히고 전파력이 강하다.

3. '초등 학교와 중학교'를 비교와 대조의 방법으로 내용을 조직하여 말하고자 합니다. 말할 내용을 비교와 대조의 방법으로 정리해 보세요.

♣ _____

_____

_____

♣ 한자 성어를 배워요. - **高臺廣室(고대광실)**

◆ 다음 한자 성어를 소리내어 읽어 보고 빈 칸에 써 보세요.

高	臺	廣	室
높을 고	누각 대	넓을 광	집 실

: '높은 누각과 넓은 방'이라는 데서 나온 말로 아주 크고 좋은 집을 뜻하는 말입니다.

아빠, 어디 가는 거예요?

응, 아빠 친구가 시골에 새 집을 짓고 이사를 했다는구나.

아직 멀었어요?

오, 마침 저기 마중 나와 있구나!

잘 있었나?

어서 오게, 기다리고 있었네.

어느 집인가?

바로 저 집이야.

이, 이게 자네 집이란 말인가?

아주 근사한 전원주택이군.

이야, '고대광실'이 따로 없구나. 정말 멋있는 집이야.

하하, 어서 들어가세.

※ **쓰임** : 옛날 높은 자리에 있던 양반들은 거의가

에서 살았다고 합니다.

기초 탄탄에 최고 효과!

기탄국어

◀ 학습 관리표 ▶

금주평가	듣 기	읽 기	쓰 기	짓 기	이번 주는?
	Ⓐ 아주 잘함	Ⓐ 아주 잘함	Ⓐ 아주 잘함	Ⓐ 아주 잘함	• 학습방법: ① 매일매일　② 가끔　③ 한꺼번에　- 하였습니다.
	Ⓑ 잘함	Ⓑ 잘함	Ⓑ 잘함	Ⓑ 잘함	• 학습태도: ① 스스로 잘　② 시켜서 억지로　- 하였습니다.
	Ⓒ 보통	Ⓒ 보통	Ⓒ 보통	Ⓒ 보통	• 학습흥미: ① 재미있게　② 싫증내며　- 하였습니다.
	Ⓓ 부족함	Ⓓ 부족함	Ⓓ 부족함	Ⓓ 부족함	• 교재내용: ① 적합하다고　② 어렵다고　③ 쉽다고　- 하였습니다.

♣ 지도 교사가 부모님께	♣ 부모님이 지도 교사께

종합평가	Ⓐ 아주 잘함	Ⓑ 잘함	Ⓒ 보통	Ⓓ 부족함

원
교　　　　　반　　　이름　　　　　　　전화

기초 탄탄한 교육・기초 탄탄한 학습

기탄교육

www.gitan.co.kr/ (02)586-1007(대)

J 단계 교재   J181a-J200b 학습 내용

교재번호	내　　　용	분　류
181a ~ 182a	누나의 가을	동시
182b ~ 187b	건강한 가정을 위하여	논설문
188a	생각그물(mind map) 만들기	논술 연습
188b ~ 189a	난중일기	일기
189b ~ 196b	곧은 선비 조광조	전기문
197a ~ 197b	글의 진술 방식	논술 기초
198a	글의 핵심어와 내용 파악	논술 기초
198b ~ 199a	유의어와 반의어	국어 지식
199b ~ 200a	설득하는 글쓰기	논술 연습
200b	斷斷相約(단단상약)	한자 성어

동시 - **누나의 가을**

◆ 다음 동시를 읽고 물음에 답해 보세요.

누나의 가을

꽃밭에서 누나가 왼종일
꽃씨도 받고 해씨도 받는다.

해씨를 받으며
해의 ㉠<u>뜨건</u> 말도 함께 받는다.

빛나고 있는
누나의 손등.

줄기에서 따낸 작은 약속들이,
고 귀여운 약속들이,
뿌듯이 손 안에 차오는 환희.

누나의 앞치마가
빨갛게 타는 오후엔

꽃밭과 마당, 부엌까지도
찰찰 넘치는
꽃의 잠.

누나는 꿈 속에서도
꽃씨를 받는다.

☆ 짜임 : 7연 16행　　　☆ 글감 : 꽃씨를 받는 누나　　　☆ 지은이 : 윤수천
☆ 주제 : 누나가 꽃밭에서 꽃씨를 받는다.

1. 이 시에서 글감으로 바른 것은 무엇인가요?

① 해씨를 받는 누나　　　　　　② 꽃씨를 받는 누나

③ 꽃과 약속하는 누나　　　　　　④ 누나의 꿈에 나타난 꽃씨

2. 이 시에서 가장 중심이 되는 시어는 다음 중 무엇인가요?

① 해씨　　　　② 해　　　　③ 꽃씨　　　　④ 꽃

3. ㉠의 '뜨건'은 다음 중 어떤 말을 줄여 쓴 것인가요?

① 뜨거운　　　　② 뜨는　　　　③ 뜨끈한　　　　④ 뜨듯한

4. 다음 시어들 중에서 나머지 셋과 그 의미하는 바가 <u>다른</u> 것은 무엇인가요?

① 꽃씨　　　　② 해씨　　　　③ 약속　　　　④ 잠

5. 시를 쓸 때 말을 줄이거나 늘여 쓰기도 하고, 문장의 앞, 뒤를 바꿔 쓰기도 하는 까닭으로 적절한 것은 다음 중 무엇인가요?

① 글쓴이의 생각을 표현하기 위해서

② 시의 운율을 맞추기 위해서

③ 시의 느낌이나 글쓴이의 생각을 강조하거나, 깊게 하기 위해서

④ 시를 쓸 때는 반드시 행과 연의 정해진 글자 수를 지켜야 하므로

6. 이 시에서 누나가 한 일을 표현하고 있는 연과, 누나의 느낌을 표현하고 있는 연을 각각 써 보세요.

　　1) 한 일을 표현하고 있는 연 - ＿＿＿＿＿＿＿＿＿

　　2) 느낌을 표현하고 있는 연 - ＿＿＿＿＿＿＿＿＿

7. 글쓴이가 꽃씨를 약속의 의미로 생각하게 된 까닭은 무엇일까요? 꽃씨의 과거와 미래를 생각하여 추측해 써 보세요.

　　♣ ＿＿＿＿＿＿＿＿＿＿＿＿＿＿＿＿＿＿＿＿＿＿＿＿＿＿

　　＿＿＿＿＿＿＿＿＿＿＿＿＿＿＿＿＿＿＿＿＿＿＿＿＿＿

8. 글쓴이가 1연과 2연에서 '누나가 해씨도 받고, 해의 뜨건 말도 받는다.'고 표현한 까닭을 말해 보세요.

　　♣ ＿＿＿＿＿＿＿＿＿＿＿＿＿＿＿＿＿＿＿＿＿＿＿＿＿＿

[심화학습] 글쓴이는 꽃씨에 여러 가지 의미를 부여하여 한 편의 아름다운 시를 완성했습니다. 여러분도 글쓴이처럼 자연이나 사물에 여러 가지 의미를 부여하여 한 편의 시를 완성해 보세요.

　　♣ ＿＿＿＿＿＿＿＿＿＿＿＿＿＿＿＿＿＿＿＿＿＿＿＿＿＿

　　＿＿＿＿＿＿＿＿＿＿＿＿＿＿＿＿＿＿＿＿＿＿＿＿＿＿

　　＿＿＿＿＿＿＿＿＿＿＿＿＿＿＿＿＿＿＿＿＿＿＿＿＿＿

　　＿＿＿＿＿＿＿＿＿＿＿＿＿＿＿＿＿＿＿＿＿＿＿＿＿＿

　　＿＿＿＿＿＿＿＿＿＿＿＿＿＿＿＿＿＿＿＿＿＿＿＿＿＿

논설문 – 건강한 가정을 위하여

◆ 다음 논설문을 읽고 물음에 답해 보세요.

건강한 가정을 위하여 ①

㉠"즐거운 곳에서는 날 오라 하여도, 내 쉴 곳은 작은 집 내 집 뿐이리……."

아무리 즐거운 곳도 작은 내 집만 못하고, 아무리 좋은 곳도 편히 쉴 수 있는 내 집만 ㉡못하다. 그만큼 내 집, 곧 가정은 개개인의 귀중한 보금자리인 것이다. 또 가정은 사회를 이루는 가장 작은 집단이기 때문에 사회가 건강하려면 가정이 건강해야 한다.

건강한 가정은 가족 간의 유대감이 긴밀한 가정이다. 이런 가정은 가족 구성원들이 서로 사랑하면서 어려운 일과 즐거운 일을 함께 나누기 때문에 화목하다. 그러나 요즘 들어 ㉢우리 주변에서는 많은 가정이 병들어 가고 있다. 이는 가족 구성원들의 유대감이 약해졌기 때문이다. 따라서 유대감이 약해진 가정이 많아지는 까닭을 알아보고, 이를 치유할 수 있는 방안을 마련할 필요가 있다.

1. ㉠은 무엇을 강조하기 위해 이용한 것인가요?

　① 가정의 소중함　　　　　② 노랫말의 아름다움

　③ 가족 사랑의 예　　　　　④ 가정의 정의

2. ㉡의 '못-'과 그 쓰임이 같지 <u>않은</u> 쓰임은 무엇인가요?

　① 아무리 그래 봐야 내 자식만 <u>못</u>하지!

　② 아파서 일을 <u>못</u> 한다.

　③ 아파트가 아무리 좋다 해도 한옥만은 <u>못</u>해!

　④ 동생보다 <u>못</u>하니 어찌 형이라고 할 수 있겠니?

　[참고] : '못' 은 부사로 쓰이지만 비교 우열을 나타낼 때의 '못' 은 형용사입니다.

3. 건강한 가정이란 어떤 가정을 말하나요?

　① 규모가 큰 가정

　② 가족 간에 유대감이 약한 가정

　③ 가족 구성원이 많은 가정

　④ 가족 간의 유대감이 긴밀한 가정

4. 글쓴이가 밑줄 친 ㉢과 같은 주장을 하게 된 근거는 무엇인지 써 보세요.

　♣ _____

5. 사회의 건강을 위해 가정의 건강이 중요한 이유는 무엇인가요?

　♣ _____

◆ 다음 논설문을 읽고 물음에 답해 보세요.

건강한 가정을 위하여 ②

　가족 간의 유대감이 약해지는 원인으로는 여러 가지가 있겠으나, 크게 두 가지를 들 수 있다.

　하나는 가족 구조의 변화이다. 산업 사회로 변화하면서 우리 나라는 대가족에서 핵가족으로 그 생활 모습이 바뀌었다. 과거 대가족 중심의 농경 사회에서는 온 가족이 함께 힘을 모아 농사를 지어야만 생활이 가능하였다. 식량을 얻는 일에서부터 살 집을 짓는 일까지 가족 모두가 서로 도와 가며 일을 해 나갔다. 뿐만 아니라, 농사일이라는 공통의 화제에 대해서 함께 의논할 수도 있었다.

　반면에, 핵가족 중심의 현대 산업 사회에서는 가족 구성원이 수가 적어졌지만, 하는 일이 제각기 다르고 관심사 역시 서로 다르다. 그래서 가족들이 한 자리에 모여 의논하기도 어려울 뿐만 아니라, 함께 모여 식사하는 기회마저 잃어 가고 있다.

1. 글쓴이가 이러한 글을 쓴 까닭은 무엇인가요?

　① 가족 간의 유대감을 약화시키려고

　② 가족 간의 유대감을 강화해 건강한 가정을 만들기 위해

　③ 핵가족화 하는 구조를 대가족제로 돌려놓으려고

　④ 젊은 세대와 노년 세대의 공감대를 확보하려고

2. 이 글의 전개 방식으로 바른 것은 무엇인가요?

　① 인용　　　　② 대조　　　　③ 비교　　　　④ 논증

3. 다음 글과 반의 관계가 되도록 문장을 써 보세요.

　• 과거 대가족 중심의 사회는 농경 사회였다.

　　↔ 현재 ＿＿＿＿＿＿＿＿＿ 사회는 ＿＿＿＿＿＿＿＿＿ .

4. 논설문에서 글쓴이가 내세우는 의견을 무엇이라고 하나요?

　① 인용　　　　② 대조　　　　③ 비교　　　　④ 논증

5. 이 글은 '건강한 가정을 위하여'란 제목의 논설문입니다. 이 글이 어떤 방식으로 구성되어 있는지 구체적으로 써 보세요.

　♣ ＿＿＿＿＿＿＿＿＿＿＿＿＿＿＿＿＿＿＿＿＿＿＿＿＿＿＿＿＿

　　＿＿＿＿＿＿＿＿＿＿＿＿＿＿＿＿＿＿＿＿＿＿＿＿＿＿＿＿＿

◆ 다음 논설문을 읽고 물음에 답해 보세요.

건강한 가정을 위하여 ③

다른 하나는, ㉠세대 간의 생각 차이를 들 수 있다. 과학 기술이 급격히 발달하고 외부로부터 새로운 사상과 문화가 들어와, 현대 사회는 빠른 속도로 변화하고 있다. 나이 든 세대의 생각이 젊은 세대에게는 별로 관심 없는 것이 되고, 젊은 세대는 그들 나름대로의 새로운 생각을 가지고 행동하려 한다. 그래서 가정 안에서도 나이 든 부모 세대와 젊은 자녀 세대 간의 갈등, 즉 '세대차' 가 발생하게 되는 것이다.

일반적으로, 부모 세대와 자녀 세대는 생각과 행동 방식에 차이가 있다. 부모 세대는 근검과 절약을 미덕으로 여기며 열심히 일하는 것을 중시한다. 또, 겉으로 표현하기보다는 은근한 멋을 즐긴다.

이에 비하여, 자녀 세대는 소비성이 강하며 즐거움을 먼저 생각한다. 깊이 생각하기를 꺼리고 감각적이다. 느끼는 것 그대로를 그 자리에서 표현한다. 이처럼 사고 방식의 차이는 가족 간의 유대감을 약화시키는 원인이 되고 있다.

1. 다음 중 가족 간의 유대감 약화의 원인으로 제시된 것을 모두 고르세요.

　① 가족 구조의 변화　　　　② 사회 구조의 변화
　③ 세대 간의 생각 차이　　　④ 가족 구성원의 학력 차이

2. ㉠을 축약한 말로, 요즘 흔히 쓰이는 말을 본문에서 찾아 쓰세요.

　♣ _____

3. 현대 사회의 변화 요인과 관계 <u>없는</u> 것은 다음 중 무엇인가요?

　① 세대 간의 생각 차이　　　② 과학 기술의 급격한 발달
　③ 외부로부터의 새로운 사상　④ 새로운 문화

4. 다음 중 자녀 세대의 특징으로 볼 수 <u>없는</u> 것은 무엇인가요?

　① 근검과 절약을 미덕으로 삼는다.　② 소비성이 강하다.
　③ 감각적이다.　　　　　　　　　　④ 즐거움을 우선한다.

5. 글 2~3에서 가족 간의 유대감이 약해지는 원인을 두 가지 제시하고 있습니다. 여기서 덧붙여서 구체적인 원인들에는 어떤 것이 있을지 생각해 보고 써 보세요.

　♣ _____
　　_____
　　_____

◆ 다음 논설문을 읽고 물음에 답해 보세요.

건강한 가정을 위하여 ④

그렇다면 가족 간의 유대감을 강화시켜 건강한 가정을 만들기 위해 우리가 노력해야 할 일은 무엇인가?

첫째, 가정의 소중함을 인식하고 서로 돕는 생활을 해야,한다. 공기의 중요성을 잊고 살아가듯이 우리는 가정의 소중함을 잊고 지낼 때가 많다. 사람은 태어나면서부터 가족의 한 사람으로서 가족 속에서 품성을 닦고 생활력을 기른다. 그러므로 가족들이 서로 돕고 협력하는 바른 가정에서 성장하고 생활하게 되면, 그 구성원도 밝고 성실한 생활 태도를 지니게 된다. ㉠페스탈로치는 가정에서 싹튼 사랑과 감사, 신뢰는 이웃 사랑, 동포애, 인류애로 확산된다고 하였다. 그러므로 사회, 국가, 세계의 근원인 가정이 온전히 유지되도록 서로 돕고 협력하는 생활을 해야 한다.

둘째, 사랑으로 인내하면서 대화하는 기회를 늘려야 한다. 가족 구성원들이 서로의 생각이나 관심사, ㉡기호 등을 제대로 파악하고 이해하기 위해서는 충분한 대화가 필요하다. 특히, 부모 세대와 자녀 세대 간의 문화적 차이가 커지고 있는 현대 사회에서는 ㉢더욱 그러하다. 어떤 가정에서는 하루 중에서 적당한 시간을 정해 놓고 가족들이 모두 모여 가정 안팎에서 일어난 일들에 관하여 이야기를 나눈다고 한다. ㉣이 때, 사랑으로 인내하며 언짢은 말도 이해해 주는 자세가 필요하다. 어느 회사원은 가족을 비롯하여 가까운 친척들과 한 달에 한 번씩 독서 토론을 한 결과, 친척까지도 마치 한 가족 구성원처럼 가까워졌다고 한다. 대화야말로 가족 간의 유대감을 긴밀하게 하는 지름길이다.

1. 가족 구성원이 밝고 성실한 생활 태도를 지니기 위해서 필요한 것은 무엇인가요?

   ♣ _____

2. ㉠과 같은 설명 방법을 무엇이라고 하나요?

   ① 예시　　　　　② 논증　　　　　③ 추론　　　　　④ 유추

3. ㉡에 속하지 않는 것은 무엇인가요?

   ① 어떤 색의 옷을 좋아하나?　　　② 어떤 음식을 싫어하나?
   ③ 수면 시간은 얼마나 되나?　　　④ 좋아하는 향기는 무엇인가?

4. ㉢이 의미하는 바는 무엇인가요?

   ♣ _____

5. ㉣의 '이 때'가 가리키는 것은 무엇인가요?

   ① 식사 시간　　② 대화 시간　　③ 수면 시간　　④ 학습 시간

6. 글 **4**는 무엇에 대한 주장을 담고 있나요?

   ① 건강한 가정을 만들기 위해 노력해야 할 일
   ② 가정의 소중함을 인식하는 일
   ③ 현대 사회로의 발전을 위해 필요한 일
   ④ 훌륭한 인격체로의 성장을 위해 해야 할 일

◆ 다음 논설문을 읽고 물음에 답해 보세요.

건강한 가정을 위하여 ⑤

(가)

셋째, 예절을 지켜야 한다. 가족들은 가깝고 흉허물이 없기 때문에 자칫하면 예절을 소홀히 하기 쉽다. "가까운 사이일수록 예절을 더 잘 지켜야 한다."는 말이 있다. 가까운 관계일수록 오히려 작은 일에서 서운함을 느낄 수 있다. 그래서 말과 행동을 함부로 하다 보면 가족끼리도 불편한 관계가 되는 경우가 많다.

예절은 아름다운 마음을 표현하는 행동의 시작이다. 서로 사랑하고 존경하는 따뜻한 가족 관계도 예절을 통해서 형성된다. 아침, 저녁으로 서로 반갑게 인사를 나눌 때에 가족 간의 정감을 느낄 수 있게 된다.

가정의 행복은 인생의 가장 큰 목표라고 한다. 가정의 소중함을 알고, 그 구성원들이 서로 도우며 사랑이 깃들인 대화를 나누고 예절을 지켜 가며 생활할 때, 건강한 가정이 이룩되고 우리는 인생 최대의 행복을 얻게 되는 것이다. 경제적인 풍요 속에서 정신적인 외로움을 느끼는 것이 현대인이다. 그러므로 따뜻하고 사랑이 가득한 가정 안에서 인격을 도야하고, 삶의 의미와 행복을 발견할 수 있도록 건강한 가정을 만들어야 한다. 이러한 가정이 모일 때, 행복한 사회가 이루어지고 사랑과 평화가 가득한 세계가 될 것이다.

1. 글 (가)에서 강조하고 있지 <u>않은</u> 것은 무엇인가요?

① 말   ② 행동   ③ 예절   ④ 건강

2. 글쓴이가 생각하는 예절이란 무엇을 의미하는지 쓰세요.

♣ _____

3. 다음 중 건강한 가정을 이루기 위해 할 일이 <u>아닌</u> 것은 무엇인가요?

① 예절을 지켜 생활한다.
② 사랑으로 인내하며 대화를 늘린다.
③ 가정의 소중함을 인식하고 서로 돕는다.
④ 맡은 일에서 언제나 최고가 되도록 노력한다.

4. 다음과 같은 방법으로 '티끌 모아 태산'이라는 의미가 들어 가는 문장을 만들어 보세요.

보기	물방울이 모여 강을 이루고, 강줄기가 모여 큰 바다가 되는 것이다.

1) 화목한 가정이 모여, 행복한 사회를 이루고, 사랑과 평화가 가득한 세계가 이루어지는 것이다.

2) _____

_____

3) _____

_____

5. '예절을 지켜야 한다.'는 주장을 뒷받침하는 데 있어서, 속담이나 명언, 한자 성어를 활용하려고 합니다. 적절한 인용구들을 찾아 써 보세요.

   1) 속담 - _____

   2) 명언 - _____

   3) 한자성어 - _____

6. 이 글에서 현대 산업 사회와 과거 농경 사회의 차이점을 찾아 써 보세요.

   ♣ _____

[심화학습] 부모 세대와 자녀 세대의 문화적 차이를 알 수 있는 예를 가까운 우리 주변에서 찾아 주장을 뒷받침해 보세요.

> 주장 : 부모 세대와 자녀 세대 간의 문화적 차이는 가정에서의 대화를 어렵게 하고 있다.

근거 : _____

_____

_____

_____

_____

♣ 논술 연습 - 생각그물(mind map) 만들기

◆ '이순신 장군'을 생각하면 여러 가지 생각들이 떠오를 것입니다. 떠오르는 대로 생각그물을 만들어 보고, 생각그물을 바탕으로 이순신 장군에 대한 설명글을 써 보세요.

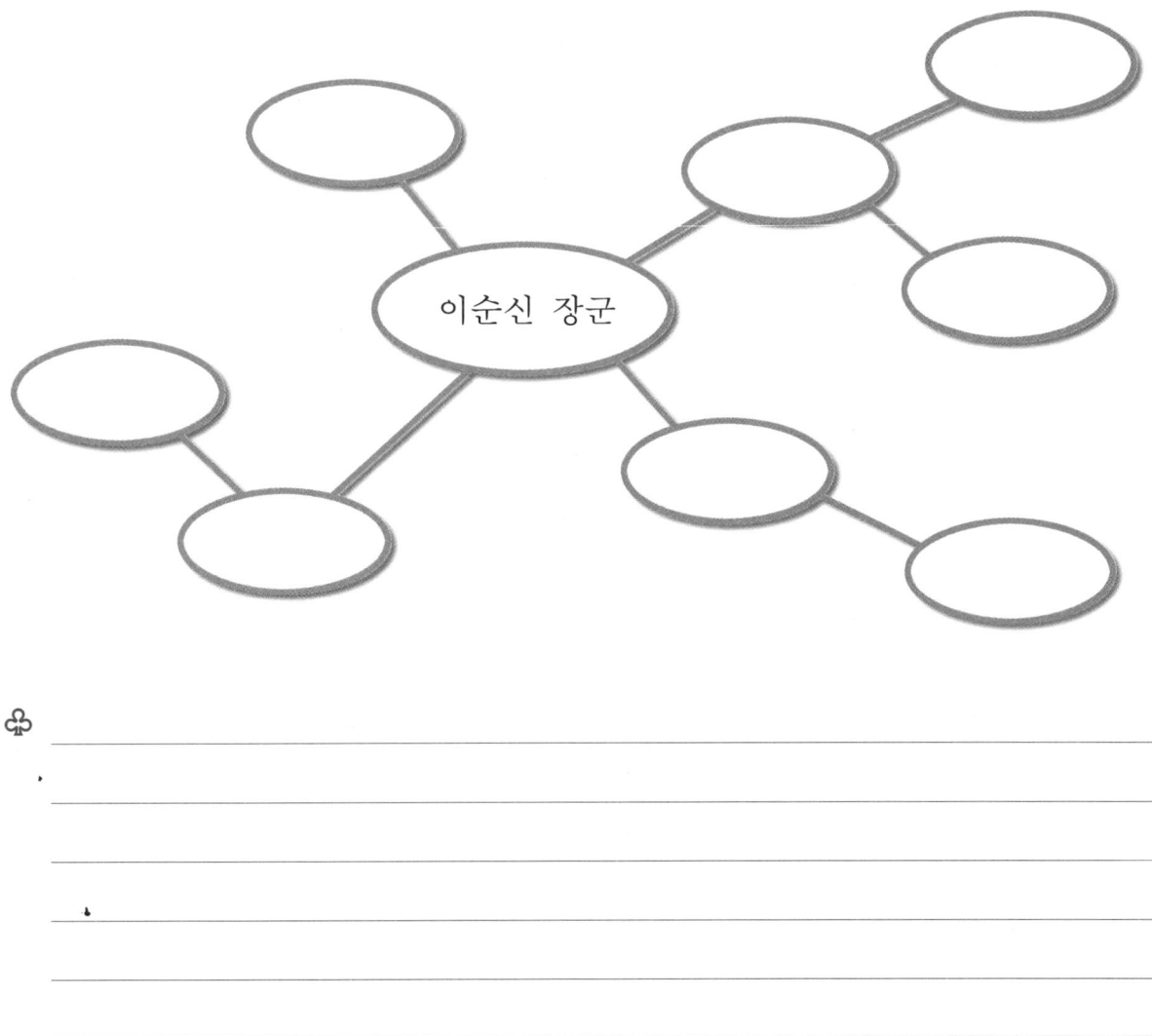

♣ _____

_____

_____

_____

_____

※ **창의력 Point** : 마인드 맵을 활용한 기법은 어떤 주제나 문제의 해결점을 찾기 위해서 중심주제를 정하고 주제에 대해 떠오르는 소주제들을 연결해 감으로써 새롭고 발전적인 아이디어를 내도록 도와 주는 창의력 기법입니다.

일기 – 난중일기

◆ 다음 일기를 읽고 물음에 답해 보세요.

난중일기

1597년 10월 14일 맑음

　새벽 두 시쯤 꿈을 꾸었다. 말을 타고 언덕 위를 가다가 말이 발을 헛디디어 냇물에 빠지긴 했으나, 거꾸러지지는 않았다. 그런데 아들 면이 엎드려 나를 안는 것 같은 형상을 보고 잠에서 깨어났다. 무슨 조짐인지 모르겠다.

　저녁에 집에서 온 편지를 받았다. 봉투를 뜯기도 전에 ㉠뼈와 살이 먼저 떨리고 정신이 혼란해졌다. 겉봉을 대강 뜯고 둘째 아들 열의 글씨를 보니, 겉에 '통곡' 두 자가 쓰여 있어 면의 전사를 알게 되었다. 목놓아 통곡하였다. 하늘이 어찌 이다지도 인자하지 못하신고. ㉡간담이 타고 찢어지는 것 같다. ㉢내가 죽고 ㉣네가 사는 것이 이치에 마땅한데, 네가 죽고 내가 살았으니 이런 어긋난 일이 어디 있을 것이냐. 천지가 깜깜하고 해조차도 빛이 변했구나. 슬프다, 내 아들아. 나를 버리고 어디로 갔느냐. 남달리 영특하여 하늘이 이 세상에 머무르게 하지 않는 것이냐. 내가 지은 죄 때문에 화가 너에게 미친 것이냐. 내 이제 세상에 살아 있은들 누구에게 의지할 것이냐.

1. ㉠을 보고, 추측 가능한 편지의 내용은 어떤 내용일까요?

   ♣ _____

2. ㉡의 '간담'은 무엇과 무엇을 의미하나요?

   ♣ _____

3. ㉢과 ㉣이 각각 가리키는 대상은 누구인지 쓰세요.

   ♣ _____

4. 이 일기에 제목을 붙인다면 어느 것이 적절할까요?

   ① 아들을 잃은 슬픔   ② 집에서 온 편지
   ③ 새벽에 꾼 꿈   ④ 내가 지은 죄

5. 다음 중 아들 '면'의 죽음을 나타내고 있는 문장이 <u>아닌</u> 것은 무엇인가요?

   ① 목놓아 통곡하였다.
   ② 천지가 깜깜하고 해조차도 빛이 변했구나.
   ③ 하늘이 이 세상에 머무르게 하지 않는 것이다.
   ④ 새벽 두 시쯤 꿈을 꾸었다.

[심화학습] 이 글은 이순신 장군이 쓴 난중일기의 일부입니다. 장군이 이글을 쓸 당시의 시대적 상황을 조사해 보고 써 보세요.

   ♣ _____

   _____

   _____

전기문 – 곧은 선비 조광조

◆ 다음 전기문을 읽고 물음에 답해 보세요.

곧은 선비 조광조 ①

　　조광조는 조선조의 학자요 정치가로, 호는 정암(靜庵)이다. 1482
년 한성에서 사헌부 감찰 조원강의 둘째 아들로 태어났다. 그의 고
조 할아버지 조온은 조선 왕조의 개국 공신으로서 '2차 왕자의 난'
때 큰 공을 세워 좌찬성의 자리까지 올랐던 명신이었다.

　　조광조는 17세 때 지방 관리로 나갔던 아버지를 따라 희천에 갔
다가 무오사화로 인해 ㉠그 곳에 유배 중이던 김굉필을 처음 대하게
되었다. 김굉필은 순천으로 이배되기 전까지 2년 동안 그에게 철저
한 도학주의적 실천 사상을 가르쳤다. 정암은 천성이 총명할 뿐 아
니라, 근면하여 한훤당의 문하에서 남달리 두각을 나타내었다.

♤ 사헌부 : 조선 시대의 삼사(三司)의 하나. 정치에 관하여 논의하고, 관리들의 비행을
　　　　　조사, 규탄하며, 풍속을 바로잡던 관청.
♤ 감찰 : 조선 시대에, 사헌부의 정6품 벼슬.
♤ 개국공신(開國功臣) : 나라를 새로 세울 때 공로가 있는 신하.
♤ 무오사화(戊午士禍·戊午史禍) : 조선 연산군 4년(1498)에 유자광(柳子光) 등의
　　　　　훈구파가 세조를 비방한 조의제문(弔義帝文)이 사초(史草)에 실린 것을 트
　　　　　집 잡아 많은 사림파 문관들을 죽이고 귀양 보낸 사건.
♤ 유배(流配) : (죄인을) 귀양 보내는 것.
♤ 이배(移配) : 귀양살이하는 곳을 다른 곳으로 옮기는 것.

1. 글 Ⅰ에서 알 수 <u>없는</u> 내용은 무엇인가요?

   ① 조광조의 호　　　　　　　　② 조광조의 탄생

   ③ 조광조의 업적　　　　　　　④ 조광조의 스승

2. '이름 높은 신하'라는 의미의 낱말을 글 Ⅰ에서 찾아 써 보세요.

   ♣ ＿＿＿＿＿＿＿＿＿＿＿＿＿＿＿＿＿＿＿＿＿＿

3. ㉠이 가리키는 곳은 어디인가요?

   ① 희천　　　　　② 순천　　　　　③ 한양　　　　　④ 수원

4. 조광조는 김굉필에게 어떤 학문을 배웠나요?

   ♣ ＿＿＿＿＿＿＿＿＿＿＿＿＿＿＿＿＿＿＿＿＿＿

5. 다음 낱말의 의미를 찾아 써 보세요.

   1) 두각 : ＿＿＿＿＿＿＿＿＿＿＿＿＿＿＿＿＿＿＿＿＿＿

   2) 문하 : ＿＿＿＿＿＿＿＿＿＿＿＿＿＿＿＿＿＿＿＿＿＿

◆ 다음 전기문을 읽고 물음에 답해 보세요.

곧은 선비 조광조 ②

　　조광조가 한훤당의 문하에 있을 때 있었던 유명한 일화는 그의 총명함을 잘 나타내 주고 있다.

　　어느 날, 한훤당이 꿩 한 마리를 얻어서 말려 두었다.

　　한훤당이 어머니께 드리려고 잘 말려 둔 꿩을 고양이가 물고 가는 것을 본 한훤당은 여종에게 고기를 잘 지키지 않았다면서 성을 내고 꾸지람을 하였다. 그 고기는 공이 어머니에게 반찬을 해 드리려던 것이어서 안타까움이 더했던 것이다. 그 모습을 본 정암이 스승에게 천천히 말했다.

(가)　　　"어버이를 위하는 선생님의 정성은 실로 지극합니다만, 고양이는 그런 것을 모르고 여종 역시 일부러 범한 것이 아니온데, 선생님께서 이 일로 지나치게 화를 내시니 좀 온당치 않은 것 같습니다."

　　　한훤당은 어린 제자의 충고를 듣고는 몸을 일으켜 정암의 손을 잡고 말했다.

　　　㉠"네 말을 들으니 내 잘못을 깨달았도다. 부끄럽구나! 네가 내 스승이지, 내가 너의 스승이 아니다"

하고 감탄했다고 한다. 그리고는, 하루 종일 정암을 데리고 다니면서 칭찬하였다고 한다.

　　이렇듯 어린 시절부터 스승의 사랑을 듬뿍 받으며 미친 사람처럼 학문에 빠져든 정암은 그 결과 젊은 나이에 사림파의 영수로 자리를 잡게 되었다.

　　　하지만 당시는 무오사화의 영향으로 대부분의 사람들이 성리학을 꺼리고 있을 때였다. 이 때문에 사람들은 성리학에 심취한 조광조를 보고 '미친 놈'이라거나, 화를 잉태하고 있는 놈이라 해서 '화태(禍胎)'라고 손가락질 하기도 했다. 그러나 조광조의 성리학에 대한 열정은 식지 않았다.

1. (가)의 일화 내용에서 우리가 알 수 있는 것은 무엇인가요?

　① 하층민에 대한 정암의 애정

　② 어린 정암의 총명함

　③ 미물조차 아끼는 정암의 넓은 마음

　④ 무엇도 두려워하지 않는 정암의 배포

2. ⊙과 관계 있는 고사 성어는 무엇인가요?

　① 청풍명월(淸風明月)　　　② 청출어람(靑出於藍)

　③ 충비서간(忠婢書簡)　　　④ 파죽지세(破竹之勢)

3. '모임의 우두머리'라는 의미를 가진 말을 글 ②에서 찾아 쓰세요.

　♣ _____

4. 사람들이 정암을 손가락질한 이유는 무엇인가요?

　♣ _____

◆ 다음 전기문을 읽고 물음에 답해 보세요.

곧은 선비 조광조 ③

1504년 연산군 재위 10년째 되던 해에 임사홍이 궁중 세력과 결탁하여 ㉠새롭게 등장하는 선비의 무리를 없애려고 하였다. 이것을 '갑자사화'라 부른다. 이 과정에서 정암 또한 ㉡첫 번째 유배를 떠나게 된다. 첫 유배지에서 정암은 정계의 현실을 몸소 겪어 보고, 학문에 더욱 힘쓰면서 시기를 기다렸다.

그는 자신을 욕하는 모든 친구들과의 교류도 끊은 채 철두철미한 도학적 실천 운동에 온 힘을 기울였다. 의관을 단정히 한 것은 물론이고, 행동에서도 절제와 절도를 분명히 했고, 언어 생활에도 규범을 두어 어기는 일이 없었다. 그는 이러한 실천 운동이 익숙해지자 드디어 세상으로 나왔다. 그래서 29세가 되던 1510년 진사시를 장원으로 통과하여 진사가 되고, 그 해에 성균관에 입학했다. 그리고 ㉢1515년 성균관 유생 200명여 명의 추천과 이조 판서 안당의 천거로 조지서사지(造紙署司紙)라는 관직에 임용되고, 그 해 가을 증광문과와 을과에 급제하여 홍문관에 들어갔으며 전적, 감찰, 예조 좌랑 등을 역임하게 된다.

이 과정을 거치면서 조광조는 그의 뛰어난 학문과 인격으로 중종의 두터운 신임을 받게 된다. 그리고 이 때부터 4년 동안 중종은 조광조를 앞세워 급진적인 개혁 정치를 펼쳐 나갔다.

♤ 진사(進士) : 조선 시대, 소과(小科)의 초장(初場)에 급제한 사람.
♤ 장원(壯元) : 과거에서, 갑과(甲科)에 첫째로 급제하는 것. 또는, 그 사람.
♤ 성균관(成均館) : 고려 · 조선 시대에 유교의 교육을 맡아 보던 곳.
♤ 전적(典籍) : 조선 시대, 성균관의 정6품 벼슬
♤ 홍문관(弘文館) : 조선 시대의 삼사(三司)의 하나. 궁중의 경적(經籍) · 문서 등을 관리하고 왕의 자문을 맡아 보던 관아.
♤ 예조(禮曹) : 고려 · 조선 시대, 육조(六曹)의 하나. 예악 · 제사 · 연향(宴享) · 조빙(朝聘) · 학교 · 과거에 관한 일을 맡아 보던 행정 기관임.

1. ㉠과 같은 의미의 낱말은 다음 중 무엇인가요?

　① 화태　　　　② 결탁　　　　③ 사림　　　　④ 정계

2. ㉡에서 '첫 번째'라는 낱말이 암시하고 있는 말은 무엇일까요?

　① 정암은 이후에는 유배를 가게 되는 일이 없었다.
　② 정암에게는 그 이후에 유배를 떠나게 되는 일이 발생하게 된다.
　③ 정암은 유배를 몹시 두려워한다.
　④ 정암은 그 이후 성리학을 포기하게 된다.

3. 유배지에서의 정암의 생활을 가장 잘 표현해 주는 한자 성어는 무엇인가요?

　① 조삼모사　　　② 절차탁마　　　③ 점입가경　　　④ 간담상조

4. ㉢을 통해 알 수 있는 사실을 모두 고르세요.

　① 정암의 학문이 매우 뛰어났다.
　② 선비들과 이조 판서에게 능력과 자질을 인정받았다.
　③ 정암의 관직에 대한 욕심이 대단히 컸다.
　④ 성균관의 다른 유생들로부터 질시를 받았다.

5. 조선 시대에 시행되었던 시험을 나타내는 말이 <u>아닌</u> 것은 무엇인가요?

　① 진사시　　　② 성균관　　　③ 증광문과　　　④ 을과

◆ 다음 전기문을 읽고 물음에 답해 보세요.

곧은 선비 조광조 ④

조광조는 중종에게 성리학을 정치와 민간 교화의 근본으로 삼아야 한다는 것을 강조하였으며 철저한 도학 사상에 입각한 왕도 정치를 실현해야 한다고 역설했다. 이러한 조광조의 의견을 수렴한 중종은 그를 사간원 정언에 앉혀 언론을 통해 훈구 세력을 견제하려고 하였다.

조광조에 대한 중종의 신임은 단순히 신하와 임금 사이를 넘어 ㉠동지적인 성향을 띠고 있었다. 중종은 조광조의 분명한 사리 판단과 절도 있는 행동, 그리고 눈치를 살피지 않는 직언을 좋아하여 그 자신도 도학정치의 실현을 위해 노력을 아끼지 않았다.

♤ 성리학(性理學) : 중국 송·명대(宋明代)에 성했던 유학의 한 계통. 성명(性命)과 이기 (理氣)의 관계를 논한 유교철학으로, 남송(南宋)의 주희(朱熹)가 집 대성하였음.
♤ 왕도 정치 : 유가(儒家)가 이상으로 하는, 인덕(仁德)을 근본으로 천하를 다스리는 도리.
♤ 수렴(收斂) : 여러 가지 의견이나 주장들을 한데 모으는 것.
♤ 사간원(司諫院) : 삼사(三司)의 하나. 조선 시대에 임금에게 간하는 일을 맡아 보던 관아.
♤ 정언(定言) : 어떤 명제(命題)·주장·판단을 '만일', '혹은' 등의 조건을 붙이지 않고 단정하여 말하는 것. 또는 그 말.
♤ 훈구(勳舊) : 공로가 있는 구신(舊臣).
♤ 직언(直言) : (어떤 사람에게 자기의 생각이나 주장을) 옳고 그름에 대하여 기탄 없이 바로 말하는 것.
♤ 도학(道學) : ① 유교 도덕에 관한 학문. ② = 성리학(性理學). ③ = 도교(道敎).

1. 조광조가 가장 중요시 했던 학문은 무엇이었나요?

♣ _____

2. 중종이 조광조를 사간원 정언의 지위에 앉힌 이유는 무엇인가요?

① 훈구 세력을 보좌하기 위해

② 임금의 잘잘못을 무마시키기 위해

③ 언론을 통해 훈구 세력을 견제하려고

④ 선비들의 강한 요구에 의해

3. ㉠이 의미하는 바는 무엇인가요?

① 임금과 정암은 서로 뜻이 달랐다.

② 임금과 정암은 서로 뜻을 같이 했다.

③ 임금은 정암을 시기했다.

④ 정암은 임금을 감시했다.

4. 다음 중 전기문에 대한 설명으로 알맞지 <u>않은</u> 것은 무엇인가요?

① 교훈적인 내용이다.

② 역사적 배경이 잘 드러나 있다.

③ 대체적으로 서사의 방법으로 쓰여졌다.

④ 흥미 유발을 위해 허구성을 가미한다.

◆ 다음 전기문을 읽고 물음에 답해 보세요.

곧은 선비 조광조 ⑤

　정암은 중종의 신임에 힘입어 부제학, 대사헌 등을 역임했다. 이런 관직을 거치는 동안, 정암은 혁신적인 정책을 제시, 중종으로 하여금 이를 단행케 하였다.

　첫째, 언로(言路)를 활발히 열도록 하였다. 언로를 막는 것은 정당한 대중들의 의견을 막는 것이기 때문에 국가의 흥망과 직결된다고 주장하였다.

　그리하여 왕비에서 쫓겨났던 신씨를 복위시키려다가 유배를 당한 선비들을 풀어 주게 하고 이들을 탄핵했던 신하를 반대로 귀양 가도록 조처했다.

　둘째, 향약을 민간에 널리 전하도록 하였다. 상부상조에 힘써 서민들이 모두 잘 살 수 있도록 노력했다. 그는 시골 마을이 이기주의로, 또 상부상조의 정신과 미풍 양속이 사라져 가는 것을 안타깝게 여겨 향약을 실시토록 한 것이다.

　셋째, 미신 타파에 앞장섰다. 당시 미신 숭배는 일반 서민을 물론, 궁중에까지 깊이 뿌리박고 있어서, 정신 문화에 큰 위협이 되고 있었다. 이를 본 정암은 우선 궁중 미신의 상장이었던 소격서(昭格署)의 폐지를 강력히 주장하여 이를 실현하였다. 이 폐지 주장에는 신하들과 궁중의 빈과 궁녀들의 반대가 매우 컸었다. 그러나 이 역시 중종으로부터 폐지 동의를 얻어 내게 된다.

　넷째, 현량과를 두어 숨은 인재 등용에 힘썼다. 이 현량과가 실시됨으로써 참신하고 발랄한 30대의 젊은 학자들이 등용되었고 신진 사류들이 대거 정치에 참여하였다.

　　　다섯째, 보수적이고도 고집이 센 훈구파를 몰아 내었다. 중종이 임금에 오를 때 공을 세운 공신들이 지나치게 많다는 것이었다. 그러므로 공을 세세히 따져 공이 없는 공신들의 공적을 박탈할 것을 주장하였다.

　　　이것이 바로 위훈 삭제(僞勳削除)라는 것이었다.

　　　그러나, 이러한 급진적인 개혁에 바탕을 둔 위훈 삭제 요청은 결국 훈구파의 강한 반발을 불러 왔다.

♤ 부제학(副提學) : 조선 시대, 홍문관(弘文館)에 둔 정3품 당상관의 벼슬.
♤ 대사헌(大司憲) : 조선 시대, 사헌부의 으뜸 벼슬. 정2품임. 도헌(都憲). 준말 대헌(大憲)
♤ 언로(言路) : 신하나 백성이 임금에게 말을 할 수 있는 길.
♤ 탄핵(彈劾) : 죄상을 들어서 책망하는 것. 탄박(彈駁).
♤ 소격서(昭格署) : 조선 시대에 도교(道敎)에 관한 일을 맡아 보던 관아.
♤ 현량과(賢良科) : 조선 중종 때 경학(經學)에 밝고 덕행이 높은 사람을 천거하게 하여 대책(對策)으로 시험을 보아 뽑던 과거.
♤ 훈구파(勳舊派) : 조선 세조 때의 유림(儒林) 네 파 중 하나. 대개 임금이 아끼는 신하, 공이 있는 신하 또는 어용 학자로 구성되었으며, 벼슬이 높은 귀족 계급으로 당시의 대표적인 지배 계급이었음.
♤ 위훈 삭제(僞勳削除) : 공로 없이 공훈을 받았으니 삭제해야 한다는 말.

1. 정암이 궁중에 있던 소격서를 철폐시킨 이유는 무엇인가요?

♧ _____

2. '상부상조'의 정신에 입각한 제도는 무엇인가요?

♧ _____

◆ 다음 전기문을 읽고 물음에 답해 보세요.

곧은 선비 조광조 ⑥

훈구파의 공신들은 홍경주의 딸이 중종의 후궁인 것을 이용하여 대궐 뜰 안에 있는 나무에 꿀물로 '주초위왕' 이라는 글씨를 수없이 많이 쓰게 해 벌레가 꿀물이 있는 자리만 갉아먹도록 일을 꾸몄다. 그리고, 이 나뭇잎을 궁녀로 하여금 왕에게 바쳐 왕이 조광조를 의심하게 만들었다. 계속되는 조광조와 신진 사류들의 도학 정치 요구와 과격한 언행에 위협을 느끼고 있던 중종은 이를 계기로 훈구파의 요구를 받아들여 조광조를 관직에서 물러나게 하고, 멀리 유배를 보내게 된다.

그 뒤 훈구파가 정권을 잡게 되고, 이들에 의해 1달 만에 유배지에서 사약을 받게 된다. 하지만 정암은 사약을 마시지 않고 독주를 마시고 스스로 목숨을 끊었다. 이 때가 기묘년이었으므로 이 사건을 '기묘사화' 라 불렀다.

그 때, 그의 나이 38세였다. 그는 죽기 전에

㉠"임금 사랑하기를 어버이 사랑하는 것처럼, 나라 걱정하기를 집 걱정하듯 하라. 하얀 태양은 붉은 충정을 비추어, 이 땅에 그 밝은 빛을 내리리라."

라는 절명시를 남겼다.

♧ 주초위왕 : '走, 肖' 2자를 합치면 조(趙)자가 되기 때문에, 주초위왕은 곧 '조(趙)씨가 왕이 된다.' 는 뜻이다.

♧ 신진(新進) : 어떤 사회에 새로 나아가는 것. 또는 그 사람. ~세력 / ~작가.

♧ 절명시 : 자결하면서 남긴 시.

1. '훈구 세력'과 맞선 의미를 지닌 집단의 명칭을 찾아 써 보세요.

♧ _____

2. 조광조와 사람들이 훈구 세력의 음모와 중종 임금의 어리석음으로 인해 유배되고, 죽임을 당한 사건을 무엇이라 부르는지 찾아 써 보세요.

♧ _____

3. 정암을 죽음으로 몰고 간 불씨가 된 것은 어떤 글자였나요?

　① 위훈 삭제　　　② 주초위왕　　　③ 기묘사화　　　④ 도학 정치

4. ㉠의 절명시에 드러나 있지 <u>않은</u> 것은 무엇인가요?

　① 정암의 임금에 대한 충정　　　② 정암의 나라에 대한 걱정
　③ 정암 자신의 결백함　　　　　④ 임금에 대한 분노와 원망

5. 다음 글에서 연결 관계가 어색한 부분을 찾아 고쳐 써 보세요.

> 정암은 급진적인 개혁 정치를 펼쳤다. 그리고, 훈구 세력들과 후궁들로부터 견제를 당하게 되어 결국 생을 마감하는 위기에 놓이게 된다.

♧ _____　→　_____

◆ 다음 전기문을 읽고 물음에 답해 보세요.

곧은 선비 조광조 7

38세를 일기로 백년 만에도 얻기 어려운 혁신 정치가가 사라져 간 것이다.

이렇게 일찍이 정암이 타계한 것은 첫째 혁신 정치로 훈구파의 감정을 사고, 둘째 도학 정치에 염증을 느낀 중종이 정암이 죄가 없는 줄 알면서도 우연히 훈구파가 정암을 모함하자 이에 합세한 탓이고, 셋째 소격서의 폐지로 후궁들의 미움을 산 것이다. 또 정암이 온 나라의 바람을 한 몸에 모은 것이 또한 임금의 미움을 받게 되는 동기가 되기도 하였다. 그것은 정암이 귀양길에 오를 때 "거리를 지나가던 모든 사람들이 옷깃을 모으고 절을 하였다. 이렇게 인심을 얻은 것이 죄가 된 것이다." 라는 기록으로 보아 알 수 있다. 정암의 절명 시는 자기의 결백함을 마지막으로 밝힌 것이 된다.

정암은 조선조 중기에 태어나서 채 이상을 펴지 못한 채 38세란 젊은 나이에 죽었지만, 그의 이상 정치는 후세의 귀감이 되어왔다. 또 정암의 학문태도와 현실 대결의식은 후세 선비들의 모범이 되어 왔다.

♤ 혁신(革新) : 묵은 풍속 · 관습 · 조직 · 방법 등을 바꾸어 아주 새롭게 하는 것.
♤ 타계(他界) : 인간계(人間界)를 떠나서 다른 세계로 간다는 뜻에서 (사람이) 죽는 것.
♤ 모함(謀陷) : 모략을 써서 남을 어려움에 빠뜨리는 것.

1. 정암 조광조로부터 배울 점은 무엇인가요?

　♣ _____

2. 다음 중 이 글을 읽고 알 수 <u>없는</u> 사실은 무엇인가요?

　　① 정암의 출생　　　　　　② 정암의 인품
　　③ 정암의 업적　　　　　　④ 정암의 교우 관계

3. 다음 중 정암 조광조에 대한 설명이 <u>아닌</u> 것은 무엇인가요?

　　① 도학 정치의 실현을 주장했다.
　　② 반정을 도모하였으나 실패했다.
　　③ 급진적인 개혁 정치를 폈다.
　　④ 곧은 선비 정신으로 훈구 세력과 맞섰다.

[심화학습 1] 혁신 정치가였던 정암을 죽음으로 몬 중종 임금에 대해 여러분은
　어떤 평가를 내리고 싶은가요? 의견을 써 보세요.

　♣ _____

　_____

　_____

[심화학습 2] 이 글 〈곧은 선비 조광조〉를 읽고 줄거리와 느낌, 본받을 점을 써

보세요.

♣ _____

_____

_____

_____

_____

_____

_____

_____

_____

_____

_____

_____

_____

_____

_____

_____

_____

_____

_____

♣ 글의 진술 방식

1. 다음 글에 주로 쓰인 진술 방식은 무엇인가요?

> 무더기무더기 핀 진달래꽃이 분홍 무늬를 놓은 산들이 사면을 둘어싼 가운데 소복이 들어앉은 일곱 집이 이 마을의 전부였다.

① 묘사   ② 정의   ③ 대구   ④ 구분

2. 다음 문장에 사용된 진술 방식을 모두 골라 보세요.

> 전통이란, 한 집단이나 겨레의 역사 속에 하나로 이어져 내려오는 정신적인 맥락을 말한다.
> 전통은 인습(因襲)과는 다르다. 인습이 새로운 역사를 이룩해 가는 과정에서 마땅히 버려져야 할 찌꺼기라면, 전통은 오히려 새 역사 창조에 없어서는 안 될 씨앗이요 밑거름이다.

① 정의   ② 예시   ③ 대조   ④ 분류

3. 다음 문상에 사용뵌 신술 방식은 무엇인가요?

> 우리 나라의 심각한 교통 체증은 국가적으로 커다란 손실을 초래하고 있습니다.
> 예를 들면, 교통 체증으로 인하여 제때에 화물을 운송하지 못해 1년 동안에 입는 손해만 해도 수조 원에 달한다고 합니다.

① 정의   ② 비교   ③ 대조   ④ 분류   ⑤ 예시

4. 다음 중 묘사의 방법을 사용하여 표현하기가 힘든 글의 종류는 무엇인가요?

① 소설　　　　　② 수필　　　　　③ 기행문　　　　　④ 논설문

5. 다음 글과 같이 눈에 보이듯이 진술해 나가는 방식을 무엇이라 하는지 써 보세요.

> 　　바다에는 수평선이 없었다. 거대한 파도들이 깊은 물이랑을 뒤로 끌면서 말 위에 높이 앉듯 흉흉하게 솟구치고 있었다. 하얀 포말들이 말갈기처럼 그 위에 부서졌다. 바다는 참을 수 없다는 듯이 방파제를 넘어다보면서 사납게 출렁거렸다.

　☞ **포말(泡沫)** : 물이 부딪거나 세제와 섞이거나 하여 생기는 거품이나 잔 방울. 물방울.

♣ _____

6. 다음 글에서 사용된 진술 방식 두 가지를 찾아 보세요.

> 　　까치는 집안 식구나 동네 사람까지도 잘 알아본다. 낯익은 사람을 보면 짖지 않고 낯선 사람이 나타나면 짖어 대는 것이 마치 개와 같다.

① 대조　　　　　② 비유　　　　　③ 예시　　　　　④ 묘사

7. 다음 중 묘사의 방법으로 글을 쓰기에 알맞지 <u>않은</u> 것을 모두 고르세요.

① 어머니의 모습　　　　　② 규율과 질서의 존중
③ 바다의 생물　　　　　　④ 일출 광경

♣ 글의 핵심어와 내용 파악

1. 다음 글에서 핵심어를 찾아 4어절로 쓰세요.

> 　우리들은 목욕 재계하고 지극히 삼가던 마음으로, 이웃과 향토의 이 처절한 고통을 서로 아파하고 가여워할 줄 아는 공동 운명체로서의 절실한 연대감 속에서 살아야 합니다. 이웃집에 초상이 나면, 가무는 말할 것도 없고 웃음소리까지 삼가고 내 슬픔처럼 조심하던 우리네였습니다. 어찌 제왕만이 스스로의 부덕을 하늘에 빌었겠습니까? 선비들도 그러했고, 한낱 여항의 백성들도 뜻 있는 이는 그랬던 것입니다. 이웃을 외면한, 진정한 평안과 행복은 없습니다. 우리는 어떤 절망적인 상태에서도 이런 이웃들이 있는 한 결코 외롭지 않습니다.

· 핵심어 : _____

2. 다음 글에서 장군은 몇 가지 이유를 내세워 원술에게 자결을 명하고 있는지 쓰시오.

> 장　군 : 구구한 변명 듣기 싫다. 변명이란 떳떳하지 못한 인간만이 하는 소리다. (원술이 차고 있는 칼을 빼어) 이것은 적의 목을 베라고 내가 너에게 준 칼일 게다. 내 앞에서 이 칼로 단박에 죽어라. 네 놈은 우리 가문을 더럽혔음은 물론, 빛나는 화랑의 체면을 훼손하였고, 거룩한 이 나라의 이름을 망친 놈이다. 냉큼 이 칼을 거꾸로 물고 죽지 못하겠느냐?
> 원　술 : (말없이 칼을 받는다.)

♣

♣ 유의어와 반의어

1. 다음 글에서 밑줄 친 말의 유의어를 본문에서 찾아 쓰시오.

> 생활에서 즐거움을 얻고자 하는 사람은 생활에 대한 뜨거운 애정이 있어야 한다. 생활에 사랑을 쏟아 넣을 때 썩은 나무 등걸에서 생명의 움이 트고, 말없는 자연이 환희의 미소를 던진다. 정원에 핀 꽃과 공중을 나는 새소리가 누구에게나 기쁨을 주는 것은 아니다.

→ _____

2. 다음 낱말들의 유의어를 써 보세요.

1) 애정 : _____

2) 날쌘 : _____

3) 곱다 : _____

3. 다음 밑줄 친 단어들의 공통된 반의어를 쓰세요.

> ⑴ 옷을 입다.   ⑵ 모자를 쓰다.
> ⑶ 신발을 신다.   ⑷ 반지를 끼다.

→ _____

4. 다음 낱말들의 반의어를 써 보세요.

　　1) 기쁨 : _____

　　2) 놓치다 : _____

　　3) 많다 : _____

5. 다음 (　　　) 안에 들어갈 말로 알맞은 것은 무엇인가요?

> 　　두 단어가 반의어가 되려면 의미의 동질성 또는 유사성을 가져야
> 한다. '아버지'의 반의어는 '(　　　　　　　)'인데, 이 경우 성별을 제
> 외하고는 의미상으로는 공통적이다.

　→ _____

6. 다음 낱말들의 유의어를 찾아 써 보고, 유의어를 이용해서 짧은글을 지어
　　보세요.

　　· 책방 ≒ (　　　　　　　)

　♣ _____

7. 다음 낱말들의 반의어를 찾아 써 보고, 반의어를 이용해서 짧은글을 지어
　　보세요.

　　· 남자 ↔ (　　　　　　　)

　♣ _____

♣ 설득하는 글쓰기

◆ '준법 정신의 생활화' 라는 주제로 글을 쓰되, 다음 〈조건〉에 맞게 쓰세요.

조건	(1) 개요표를 먼저 작성할 것.
	(2) 문장의 연결이 잘 되게 하고,
	(3) 설득적인 내용으로 쓰며,
	(4) 300~400자 이내로 쓸 것.

1) 주제 : _____

2) 〈개요표〉

_____

_____

_____

_____

_____

_____

_____

_____

_____

3. 글쓰기

♣ _____

_____

_____

_____

_____

_____

_____

_____

_____

_____

_____

_____

_____

_____

_____

_____

_____

♣ 한자 성어를 배워요. - 斷斷相約(단단상약)

◆ 다음 한자 성어를 소리내어 읽어 보고 빈 칸에 써 보세요.

斷　　斷　　相　　約
끊을 단　끊을 단　서로 상　약속 약

: 아주 굳게 하는 약속을 뜻합니다.

전하, 수양대군께서 드셨사옵니다.

오, 어서 뫼시게.

숙부, 어서 오세요.

전하, 어인 일로 안색이 안 좋으십니까?

숙부, 저는 모든 것이 두렵고 자신이 없습니다.

전하는 이 나라 임금이십니다. 무엇이 두렵사옵니까?

임금이 흔들리면 종묘사직이 흔들립니다. 자신을 가지세요.

숙부가 저를 도와 주세요.

제가 전하를 지켜 주리다. 그러니 이제 그만 두려움을 떨치세요.

숙부, 진정 저와 '단단상약'을 하셨습니다. 저는 숙부만 믿습니다.

그러나, 이후 세조와 단종의 단단상약은 깨어지고 말았습니다.

※ **쓰임 :** 부모님께 이번 시험에서는 반드시 10등 안에 들겠다고

을 했다.

기초 탄탄에 최고 효과!

◀ 학습 관리표 ▶

금주평가	듣 기	읽 기	쓰 기	짓 기	이번 주는?
	Ⓐ 아주 잘함	Ⓐ 아주 잘함	Ⓐ 아주 잘함	Ⓐ 아주 잘함	• 학습방법: ① 매일매일　② 가끔　③ 한꺼번에　- 하였습니다.
	Ⓑ 잘함	Ⓑ 잘함	Ⓑ 잘함	Ⓑ 잘함	• 학습태도: ① 스스로 잘　② 시켜서 억지로　- 하였습니다.
	Ⓒ 보통	Ⓒ 보통	Ⓒ 보통	Ⓒ 보통	• 학습흥미: ① 재미있게　② 싫증내며　- 하였습니다.
	Ⓓ 부족함	Ⓓ 부족함	Ⓓ 부족함	Ⓓ 부족함	• 교재내용: ① 적합하다고　② 어렵다고　③ 쉽다고　- 하였습니다.

♣ 지도 교사가 부모님께	♣ 부모님이 지도 교사께

종합평가	Ⓐ 아주 잘함	Ⓑ 잘함	Ⓒ 보통	Ⓓ 부족함

원
교　　　반　　　이름　　　　　전화

기초 탄탄한 교육·기초 탄탄한 학습
기탄교육
www.gitan.co.kr / (02)586-1007(대)

J 단계 교재 J201a-J220b 학습 내용

교재번호	내 용	분 류
201a ~ 201b	삭풍은 나무 끝에 불고	시조
202a	공통점과 차이점 드러나게 말하기	말하기
202b ~ 217b	소공녀 세라	극본
218a ~ 219a	상상하여 표현하기	논술 연습
219b	낱말 찾기	국어 지식
220a	주어진 낱말을 넣어 한 문장으로 말하기	말하기
220b	言中有骨(언중유골)	한자 성어

시조 – 삭풍은 나무 끝에 불고

◆ 다음 시조를 읽고 물음에 답해 보세요.

삭풍은 나무 끝에 불고

삭풍은 나무 끝에 불고 명월은 눈 속에 찬데
만리 변성에 일장검 짚고 서서
긴 파람 큰 한 소리에 ㉠거칠 것이 없어라.

☆ 짜임 : 3장 6구의 평시조　　☆ 글감 : 추운 날 국경을 지키는 장군의 모습
☆ 지은이 : 김종서　　☆ 주제 : 나라를 지켜 내겠다는 굳은 충성심.

1. 다음 낱말의 뜻을 알아보세요.

　1) 삭풍 : ＿＿＿＿＿＿＿＿＿＿＿＿＿＿＿＿＿＿＿＿＿＿＿

　2) 명월 : ＿＿＿＿＿＿＿＿＿＿＿＿＿＿＿＿＿＿＿＿＿＿＿

　3) 만리 변성 : ＿＿＿＿＿＿＿＿＿＿＿＿＿＿＿＿＿＿＿＿

　4) 일장검 : ＿＿＿＿＿＿＿＿＿＿＿＿＿＿＿＿＿＿＿＿＿

　5) 파람 : ＿＿＿＿＿＿＿＿＿＿＿＿＿＿＿＿＿＿＿＿＿＿＿

2. 이 시조에 담겨 있는 내용으로 적당한 것은 무엇인가요?

　　① 추운 겨울을 잘 이겨 내야겠다는 인내심

　　② 임금을 향한 일편단심

　　③ 나라를 지키겠다는 굳은 충성심

　　④ 먼 날를 향한 동경

3. 이 시조의 종류로 바른 것은 무엇인가요?

　　① 사설시조　　　　② 연시조　　　　③ 엇시조　　　　④ 평시조

4. ㉠의 문맥적인 의미는 무엇인가요?

　　① 변두리의 땅들이 무척 거칠다.

　　② 변방을 지키는 장군의 마음이 거칠다.

　　③ 아무것도 두려울 것이 없다.

　　④ 땅이 척박해 거두어드릴 군량미가 없다.

[심화학습] 이 시조의 지은이는 김종서 장군입니다. 시조를 읽으면서 느껴지는 분위기는 어떠한가요? 또, 이처럼 장수가 지은 다른 시조를 찾아 써 보세요.

　♣ _____

　　_____

　　_____

　　_____

♣ 공통점과 차이점 드러나게 말하기

◆ 닭과 소에 대한 설명을 찾아 쓰고, 공통점과 차이점을 말해 보세요. (사전과 인터넷, 사진을 활용할 것)

1. 닭과 소의 공통점을 찾아 써 보세요.

　　1) _____

　　2) _____

　　3) _____

　　4) _____

2. 닭과 소의 차이점을 찾아 써 보세요.

　　1) _____

　　2) _____

　　3) _____

　　4) _____

3. 닭과 소의 공통점과 차이점을 더 찾아 써 보세요.

　　1) _____

　　2) _____

　　3) _____

　　4) _____

극본 - 소공녀 세라

◆ 다음 극본을 읽고 물음에 답해 보세요.

소공녀 세라 ①

등장 인물 :   세라, 베키, 민턴, 나비니아, 세라의 아버지(신사와 쥐
로도 분함), 제시

– 1장 –

무대, 조용한 음악과 함께 조명이 들어오면 청소를 하는 베키의 모습이 눈에 뜨인다. 누더기 옷을 입고 열심히 청소를 하고 있고 무대 한쪽에선 나비니아와 제시가 공놀이를 하고 있다. 그러다 제시가 공을 잘못 던져 물통을 쏟아 버린다. 나비니아 화를 낸다.

나비니아 :   베키! 이 바보야. 깨끗이 걸레질 하랬지, 누가 물통을 엎지르라고 했어! (물통을 베키에게 덮어 씌운다.) 밀턴 선생님께서 오늘은 귀한 손님이 오실 테니까 먼지가 하나도 없도록 해야 한다고 말씀하셨어.

베　키 :   네. (무서운 듯 떨고 있다.)

1. 극본의 전문에 빠져 있는 내용은 무엇인가요?

　① 때와 장소　　　② 등장 인물　　　③ 해설　　　④ 장 구분

2. 글 1에서 베키의 입장을 속담으로 표현할 때 적절한 것은 무엇인가요?

　① 도둑이 제발 저린다.

　② 닭 잡아먹고 오리발 내민다.

　③ 마당 쓸고 동전 줍는다.

　④ 바람 앞에 등불이다.

3. 극본을 읽을 때 생각해야 할 점이 <u>아닌</u> 것은 무엇인가요?

　① 등장 인물의 말과 행동을 생각하며 읽는다.

　② 내용과 상황에 어울리는 표정과 몸짓을 지어 가며 읽는다.

　③ 인물의 성격에 맞는 목소리로 읽는다.

　④ 감정이 들어가지 않도록 주의하며 읽는다.

4. 이 극본을 무대에서 상연한다고 할 때 관객들이 막이 오르자마자 보게 되는 등장 인물로 적절치 <u>않은</u> 것은 누구인가요?

　① 세라　　　　② 베키　　　③ 나비니아　　　④ 제시

5. 글 1에서 베키와 나비니아의 신분 차이를 알게 해 주는 각 인물들의 행동을 찾아 밑줄을 그어 보세요.

◆ 다음 극본을 읽고 물음에 답해 보세요.

소공녀 세라 ②

제 시 : 넌 이 학교의 청소부야. 그러니, 밥을 얻어먹고 잠을
자려면 게으름 피우려고 생각해선 안 돼!

베 키 : 열심히 하겠습니다. 최선을 다 하겠습니다.
(민턴 교장 나온다.)

제 시 : (지켜보고 섰다가) 베키! 넌 말이 너무 많아. 빨리 주
워담고 청소하란 말야!

나비니아 : (얼른 악기를 들고 켠다.) 연주가 안 되잖아, 너 때문에.
(연주한다. 역시 소리가 불협음이다.) 어제는 잘 되었는
데……. (무안해 한다.) 참! 교장 선생님 저의 부모님께서
다음 주 수요일에 찾아뵙겠다고 연락이 왔었어요.

민 턴 : (기뻐하며) 정말이니, 나비니아? 그럼 진작 얘기를
해야지. 오! 귀여운 나비니아, 난 널 정말 사랑한단다.

제 시 : 저희 부모님은 다음 다음 수요일에 찾아뵙겠다고 하
셨어요.

민 턴 : 오! 귀여운 제시, (㉠둘을 끌어안고) 너희 둘은 어쩜
이렇게 예쁘니, 응?

1. 제시와 나비니아의 대화를 통해 알 수 있는 둘의 공통점은 무엇인가요?

　① 교장 선생님께 미움을 받고 있다.
　② 자신의 잘못을 모르고 남의 탓만 한다.
　③ 부모님께서 유명한 사업가이다.
　④ 공부, 운동, 예능 모두 뛰어난 소질이 있다.

2. 극본에서 등장 인물이 주고받는 대화로 인물의 성격을 나타내고 사건을 진행시키는 구실을 하는 것을 무엇이라고 하나요?

　① 해설　　　　② 지문　　　　③ 대사　　　　④ 갈등

3. 글 2에서 나비니아와 제시의 연주 솜씨가 형편 없음을 알려주는 낱말을 찾아 써 보세요.

　♣ _____

4. 민턴 교장 선생님이 ㉠과 같이 행동한 주된 원인은 무엇인가요?

　♣ _____

5. 이 글은 무엇을 목적으로 쓰여진 글인가요?

　① 영화　　　　② 연극　　　　③ 라디오 방송　　　④ 뮤지컬

◆ 다음 극본을 읽고 물음에 답해 보세요.

소공녀 세라 ③

(베키 청소하다 말고 멀거니 쳐다본다.)

나비니아 : 베키, 뭘 멍청하게 보고 있니? 빨리 청소나 해.

㉠민　 턴 : 자―, 그럼 나비니아의 연주 솜씨와 제시의 춤 솜씨
　　　　　를 보도록 할까요? 잘해야만 부모님들이 좋아하실 테
　　　　　니까요? 자, 그럼 나비니아부터. (엉망이다.) 대단히 잘했
　　　　　어요. 다음은 제시. (역시 엉망이다.)

(이 때 초인종 소리 들린다. 청소하다 말고 베키 다가간다.)

베　　키 : 누구세요?

크루 대위 : 교장 선생님을 뵈려고 왔습니다. 크루 대위라는 사람
　　　　　입니다.

베　　키 : 잠깐 기다리세요.

민　　턴 : 누구냐?

베　　키 : 크루 대위라고 선생님을 뵈려고 하시는데요.

민　　턴 : (갑자기 부산해진다. 베키에게 빨리 치우라고 명령하고
　　　　　빨리 들어가라고 명령한다.)

　　　　　(나비니아도 퇴장)

1. 이 글에서 '베키'는 어떤 목소리로 대사를 읽어야 할까요?

    ① 성난 목소리로   ② 낮고 떨리는 목소리로

    ③ 당당한 목소리로   ④ 씩씩한 목소리로

2. ㉠의 민턴 선생님 대사와 지문에서 짐작할 수 있는 인물에 대한 표현으로 적절한 것은 무엇인가요?

    ① 진실한 교육자이다.

    ② 거짓과 위선으로 가득 차 있다.

    ③ 아이들을 진심으로 사랑한다.

    ④ 학생의 자질을 정확하게 평가한다.

3. '바쁘게 움직임'이라는 의미를 담고 있는 2음절의 낱말을 찾아보세요.

    ① 부산   ② 부정   ③ 명령   ④ 퇴장

4. 다음 낱말들을 유의어와 동의어로 구별해 보세요.

    1) 어머니 - 자당 (유의어 / 동의어)

    2) 해 - 태양 (유의어 / 동의어)

    3) 냉상 - 충양놀기 (유의어 / 동의어)

    4) 샛별 - 금성 (유의어 / 동의어)

5. 다음 낱말들과 소리는 다르나 의미가 비슷한 유의 관계에 있는 낱말들을 써 보세요.

    1) 아버지 - _____

    2) 밥 - _____

◆ 다음 극본을 읽고 물음에 답해 보세요.

소공녀 세라 ④

민 턴 : (문을 열고) 기다리게 해서 죄송합니다. 어서 들어오시
         죠. (㉠)아이, 예쁘기도 해라. (자리에 앉는다.) 누
         추하지만 자리에 앉으시죠.
크루 대위 : 이렇게 반갑게 맞아 주셔서 고맙습니다. 인도에서 광
         산업을 하고 있는 크루 대위라고 합니다. 세라, 인사드려
         라. 제 딸 세라라고 합니다.
세 라 : 안녕하세요, 교장 선생님.
민 턴 : 오! 그래. 안녕! 반가워요, 세라 양. 크루대위님, 이렇게
         귀엽고 영리하게 생긴 따님을 우리 학교에 보내 주셔서
         우리 학교의 영광입니다. (세라를 만지며) 그렇지 않아
         도 멜레디스 부인으로부터 훌륭한 집안에 착하고 영
         리한 아이라고 많이 들어왔습니다. 세라 같은 머리 좋은
         학생은 우리 학교의 보물이랍니다. (이 때 베키 무대 위
         에 깡통을 주우러 들어오다 들킨다.) 베키! (깜짝 놀라 넘
         어지고 놀라 후닥닥 들어간다.)

1. ㉠에 들어갈 지문은 무엇인가요?

　　① 베키에게　　　② 세라에게　　　③ 제시에게　　　④ 나비니아에게

2. 민턴 선생님이 베티를 자꾸 보이지 않게 하려는 까닭은 무엇일까요?

　♣ _____

　　 _____

3. 글 4에서 세라의 아버지 '크루 대위'에 대한 설명이 드러난 문장을 찾아 써
　 보세요.

　♣ _____

4. 다음 밑줄 친 단어와 같은 의미로 쓰인 것을 찾아 써 보세요.

> 　생김새를 보면 암소도 황소 모양으로 이마빼기가 넓적하고, 뿔
> 이 꼿꼿이 내뻗어 성미가 아주 사나운 것 같은 인상을 주지만 겉모
> 습과는 반반으로 성질이 온순하다. 조그만 반항도 없이 사람의 말이
> 라면 그저 순종이다.

　♣ _____

5. 민턴 선생님이 세라를 귀하게 환대한 까닭은 무엇 때문일까요?

　♣ _____

◆ 다음 극본을 읽고 물음에 답해 보세요.

소공녀 세라 5

크루 대위 : 누굽니까?

민　　턴 : 네? 네, (웃음) 우리 학교에서 청소하는 애입니다. 아주 똑똑하고 영리하고 청소도 잘 하지요. 참! 등록 절차는 멜레디스 부인으로부터 들으셔서 아시겠지만 입학금이 2,000불, 1년 수업료가 4,000불밖에 안 됩니다.

크루 대위 : 선생님, 세라를 위해 드는 비용은 걱정하지 마세요. 제가 고문 변호사를 시켜 꼭꼭 지불해 드릴 테니까요.

민　　턴 : 그러면 세라는 제가 특별 기숙생으로 대우를 해 드리겠습니다.

크루 대위 : 네, 그럼 제 딸을 잘 부탁드립니다. 그럼, 전 광산 일이 바빠서 가봐야겠습니다. (일어선다.)

민　　턴 : 아이고, 벌써 가시려고요, 커피라도 한잔, (베키를 부른다.) 베키!

크루 대위 : 선생님 그만 두세요. (주머니에서) 이건 입학금과 수업료입니다. 적은 액수지만 받아 주세요.

1. 이 글의 내용으로 보아 세라는 민턴 선생님의 학교를 누구에게 소개받았나요?

   ♣ _____

2. 이 글에서 배우의 행동은 무엇을 통해 나타내어지나요?

   ① 대화　　　　② 지문　　　　③ 소품　　　　④ 조명

3. 다음 중 '돈'을 나타내는 말이 <u>아닌</u> 것은 무엇인가요?

   ① 금전　　　　② 비용　　　　③ 자금　　　　④ 지불

4. 이 글의 내용과 일치하지 <u>않는</u> 것은 무엇인가요?

   ① 베키는 학교에서 청소와 잔심부름 등을 맡아 하고 있다.
   ② 세라는 사립 기숙 학교에 입학했다.
   ③ 민턴 선생님은 모든 학생을 동등하게 대우한다.
   ④ 세라의 아버지는 매우 부유한 사업가이다.

5. 다음 낱말들 중에서 나머지 4개의 낱말과 의미상 일치하는 부분이 <u>없는</u> 낱말은 무엇인가요?

   ① 입학금　　② 수업료　　③ 액수　　④ 기숙생　　⑤ 비용

◆ 다음 극본을 읽고 물음에 답해 보세요.

소공녀 세라 ⑥

민 턴 : (황급히 보고) 일만 달러. (놀란다.) 아이고, 감사합니다, 대위님.
(이때 베키 나와서 보다가 살짝 피한다.)
(아빠를 다정히 보는 세라, 다정히 끌어안는 아빠)

크루 대위 : 세라, 아빠가 보고 싶어도 참아야 되요. 보고 싶으면 편지하고, 나도 편지할게. ㉠넌 내 얼굴을 외어 둘 참이니, 응?

세 라 : 아뇨, 아빠. 아빠는 제 마음 속에 있는 걸요. (아빠 손을 잡고 돌려준다. 빙빙) (아빠를 위한 노래 부르면서 퇴장한다. 노래가 끝나자 베키가 나와서 더듬더듬 노래를 따라 불러 본다. 슬프게. 노래를 열심히 부르고 있는데 민턴 교장 들어온다. 열심히 노래 부르는 모습 빤히 보고 있다.)

민 턴 : 베키! (베키 후닥닥 나가려다가 세라에게 부딪친다.)
오! 다치지 않았어요? 세라. (옷을 털고 야단이다.)

세 라 : 괜찮아요. 선생님. 그런데 저 아이는 누구예요?

민 턴 : 베키라고 청소하는 아이야. 앞으로 같이 어울리면 안돼요. 우리 공주님!

세 라 : 불쌍하게 보이는데요.

민 턴 : 불쌍하긴. 열심히 청소하면 장래가 촉망한 애지. 자, 그러면 우선 인사부터 시켜야지? 베키!

1. 크루 대위가 ㉠과 같이 말한 이유는 무엇 때문일까요?

　　① 세라가 아버지를 쳐다보지 않아서
　　② 세라가 아버지를 뚫어져라 바라보고 있어서
　　③ 세라가 아버지와 사진을 찍으려고 해서
　　④ 세라가 아버지를 잡고 놓아주지 않아서

2. 베키에 대한 세라의 마음은 어떠한지 모두 골라 보세요.

　　① 연민　　　　　② 증오　　　　　③ 동정　　　　　④ 경멸

3. 베키는 어떤 아이인지 상상하여 써 보세요.

　　♣ _____

　　　_____

4. 다음 상황을 나타낼 수 있는 적절한 단어를 다섯 개씩 찾아 써 보세요.

　　1) 기쁜 감정 - _____

　　2) 슬픈 감정 - _____

5. 연극 무대에서 배우의 행동을 낱말과 어울리게 (　　)안에 표현해 보세요.

　　• 나는 (가슴에 손을 댐) 너희들을 (　　　　　　　　　　)
　　　사랑한다.(　　　　　　　　　　　　)

◆ 다음 극본을 읽고 물음에 답해 보세요.

소공녀 세라 ⑦

베　키 :　네. (들어온다.)

민　턴 :　학생대표 나비니아와 제시를 불러 오고 학생들 모
　　　　　두모이라고 해.

베　키 :　선생님! 나비니아와 제시는 머리 감고 있어요. 학생들
　　　　　은 (관객을 가리키며) 벌써 모였어요. (나비니아와 제
　　　　　시가 온다. 머리를 만지며 베키를 때린다.)

나비니아 :　차렷! 교장 선생님께 경례! (관객 대답이 없다.)

민　턴 :　에, 여러분 새로운 친구를 소개하겠어요. (관객이 일어
　　　　　나고 세라가 일어난다.) 멀리 인도에서 온 세라 크루
　　　　　양입니다. 여러분은 앞으로 세라 양과 다정하게 지내도
　　　　　록 하세요. 다같이 박수로 환영합시다. (세라 나와서 안
　　　　　녕하세요, 세라입니다. 잘 부탁합니다.) 고맙습니다. 여
　　　　　러분 앞으로 친하게 다정하게 지내시길 부탁하면서 이
　　　　　만 끝내겠습니다.

　　　(민턴 퇴장하며 나비니아를 본다.) 그리고 나비니아, 세라와 서로 인
사하고 특별 기숙사로 데리고 가요.

나비니아 :　네, 교장 선생님. (교장 나간다.)

1. 이 글에서 학생들의 역할은 누구에게 주어져 있나요?

① 청소하는 아이　② 무대 감독　　③ 관객　　　　④ 배우

2. 이 글에는 세라가 자기 소개를 하는 부분이 빠져 있습니다. 세라의 대사를 적절하게 써 보세요.

세라 : (한 걸음 앞으로 나와 관객에게 인사한다.)

_____

_____

3. 연극을 이끌어 가는 배우들이 청중들의 관심을 집중시키기 위한 방법으로 적절하지 <u>않은</u> 것은 무엇인가요?

① 목소리의 크기와 속도에 변화를 준다.
② 크고 활동적인 몸짓으로 연기한다.
③ 표정을 변화 없이 일정하게 유지한다.
④ 가끔 관객을 연극 속의 한 부분으로 끌어들인다.

4. 다음은 얼굴의 유의어입니다. (　　)안에 적당한 말을 골라 넣어 보세요.

얼굴, 안면, 낯

1) 그는 늘 근엄한 (　　　　)(으)로 앉아 있다.
2) 매우 (　　　　)이 익은데 우리 언제 만났던가?
3) 무슨 (　　　　)으로 그를 대할지 걱정이다.

◆ 다음 극본을 읽고 물음에 답해 보세요.

소공녀 세라 ⑧

(무대에 세라, 베키 서 있다. 베키, 세라를 바라보고 있다.)

나비니아 : 베키! 여기서 뭘 하고 있어, 빨리 청소해야지?

베 키 : (세라보고) 너는 누구니?

세 라 : 세라라고 해. (악수하려 한다. 손을 걷어 치는 나비니아)

나비니아 : 이봐! 악수는 상급자에게 먼저 청하는 거야. 이렇게.
(손을 내민다.)
(슬그머니 손을 내미는 세라, 꽉 쥐어서 아파하는 세라. 나비
니아 손을 놓으며 웃는다.) 난 이 학교 대표야. 알겠어?

세 라 : (고개 끄덕인다.)

나비니아 : 넌 입도 없니? 대답 못해! 좋아, 차렷, 열중 쉬어, 제자리
로 뛰어가. (뛰어간다. 그러다 어디선가 음악이 들린다.
음악에 맞추어 춤추는 세라. ㉠그 모습이 그저 아름답다.)

민 턴 : (카셋트 들고 나온다.) 나비니아! 지금 뭣하는 거예요!
(세라를 끌어안으며) 오! 세라. 춤을 아주 잘 추는군요.
나비니아는 들어가서 공부를 해요. 공부! 세라, 같이 식
사하러 갈까요?

나비니아 : 제시야, 기분 나쁘지 않니? 세라가 온 이후로는 우리가
천대받는다고 생각되지 않니? 다이아몬드 광산이면 광
산이지! 다이아몬드 광산이 있으면 부자 안 될 사람이
어디 있겠니? 그치?

제 시 : 세라는 반드시 굉장한 부자가 될 거야.

1. ㉠의 '그'는 어떤 모습을 가리키나요?

   ♣ _____

2. 이 극의 무대 배경은 어디인가요?

   ① 인도의 금광　　　　　　　　② 민턴의 학교
   ③ 동화 속 마법 학교　　　　　④ 나비니아의 방

3. 민턴 선생님이 나비니아와 제시를 대하는 태도의 흐름을 써 보세요.
   또한 태도에 변화가 있다면 무엇 때문인지 써 보세요.

   ♣ _____ → _____
   변화 원인 : _____

4. 베키에게 선뜻 악수를 청하는 세라의 행동으로 알 수 있는 인물에 대한 설
   명으로 적절한 것은 무엇인가요?

   ① 스스로를 특별하다고 생각한다.
   ② 외형으로 상대를 평가하지 않는다.
   ③ 겉모습에 따라 편견을 깆고 친구를 대한다.
   ④ 화려한 생활을 즐긴다.

5. 다음 중 두 단어가 서로 상대적인 의미(반의 관계)를 가지고 있는 것을 모
   두 찾아 ○를 해 보세요.

   1) 맑다 - 흐리다 (　　　)　　　2) 아저씨 - 아주머니 (　　　)
   3) 바다 - 태양 (　　　)　　　　4) 출석 - 결석 (　　　)

◆ 다음 극본을 읽고 물음에 답해 보세요.

소공녀 세라 ⑨

나비니아 :　세라가 부자 안 되는게 우습지 뭐냐. 제시! 너, 나보다
　　　　　　세라를 더 좋아하는 거지?

제　　시 :　나비니아, 무슨 소리야? 세라처럼 착한 애는 미워. 공부
　　　　　　도 잘 하고, 춤도 잘 추고, 얼굴도 예쁘고. 나비니아, 근데
　　　　　　요즘 들어 민턴 선생님이 우리보다 세라를 더 좋아하는
　　　　　　것 같지 않아?

나비니아 :　맞아. 요즘 들어선 우리에겐 무관심이야! 이게 다 세라
　　　　　　가 온 탓이라고.

제　　시 :　나비니아! 그러면 우리가 세라를 혼내줘서 집으로 돌
　　　　　　아가게 만들어 버리자.

나비니아 :　㉠좋은 생각이다.

1. 세라에 대한 제시의 마음을 표현하는 낱말로 적절한 것은 무엇인지 모두 골라 보세요.

   ① 질투　　　　　② 시기　　　　　③ 동경　　　　　④ 존경

2. ㉠ '좋은 생각' 이란 무엇을 가리키나요?

   ♧ _____

3. 세라가 입학하기 전, 나비니아와 제시의 학교에서의 생활이 어떠했을지 추측하여 써 보세요.

   ♧ _____

4. 다음 문장에 알맞은 단어에 ○를 해 보세요.

   1) 감기로 나의 몸은 (야윈 / 여윈) 것 같다.
   2) 우리의 키가 나날이 (발전 / 성장)하고 있다.
   3) 영훈이는 몇 시간을 헤맨 끝에 (겨우 / 오직) 친구를 만났다.
   4) 오늘 도시락에는 반찬으로 (다꾸앙 / 단무지)가(이) 들어 있다.

5. 다음 문장에서 잘못 쓰인 낱말을 찾아 바르게 고쳐 써 보세요.

   ·영훈이는 축구를 잘 찬다.

   1) _____
   2) _____

◆ 다음 극본을 읽고 물음에 답해 보세요.

소공녀 세라 10

- 2장 -

㉠조명이 꺼졌다 다시 들어온다. 생일 축하 음악이 나온다. 무대는 같은 무대이다. 나비니아와 제시는 앉아 있고 베키는 ㉡마지막 손질을 하고 있다. 세라 나올 때 폭죽 터져도 좋다. 세라는 좋은 옷을 입었고 베키도 모자를 쓰고 앞치마를 둘렀다. 민턴과 세라 나온다. 모두 정위치. 베키도 곁에 서 있다.

민   턴 : 자아, 여러분 조용히 하세요. (기침을 하고) (베키 ㉢관객 보고 웃는다.) 베키! (베키, 깜짝 놀란다.) 학생들 쪽은 왜 바라다보니? 멍청하게 서 있지 말고 그 상자를 내려놔. (베키, 내려놓고 물러난다.)

세   라 : 저, 선생님, 베키도 함께 있으면 안 되나요?

민   턴 : (놀라며) 베키를? 그런 법이 어디 있어? 베키는 청소부야. 청소부는 아가씨 축에 못 끼는 거야.

세   라 : 그렇지만 베키도 여자 애잖아요. 같이 있으면 좋아할 거예요. 제 생일이니까 부탁드립니다.

세라와 베키, 학생들은 왁자지껄 떠들며 생일 파티를 즐기고 있다.

1. ㉠을 통해 알 수 있는 것은 무엇인가요?

  ① 막이 바뀌었다.   ② 막과 장이 모두 바뀌었다.

  ③ 장이 바뀌었다.   ④ 조명 장치가 고장이 났다.

2. ㉡의 '마지막 손질'이란 무엇에 대한 손질이었나요?

  ① 민턴 학교의 청소   ② 나비니아의 머리 손질

  ③ 세라의 생일 파티 준비   ④ 베키 자신의 의복에 대한 손질

3. ㉢의 관객과 같은 의미로 쓰인 낱말을 민턴의 대사에서 찾아 써 보세요.

  ♣ _____

4. 베키를 대하는 민턴의 태도로 석설하지 <u>않은</u> 것은 무엇인가요?

  ① 베키를 천대한다.   ② 베키를 무시한다.

  ③ 베키를 구박한다.   ④ 베키를 애지중지한다.

5. 극의 2장에서 첫 무대는 어떤 장면이 펼쳐지나요?

  ① 베키가 수업받는 장면   ② 세라의 생일 파티 장면

  ③ 나비니아가 혼나는 장면   ④ 제시의 공연 장면

◆ 다음 극본을 읽고 물음에 답해 보세요.

소공녀 세라 ①

(이 때 바깥에서 민턴이 외친다.) 그만, 그만.

(급히 숨어 버리는 베키, 민턴 헐레벌떡 들어온다. 손에는 전보 용지가 있다.)

민　　턴 :　(크루 대위 사망) 아니, 이런 일이 세상에 어디 있습니까? 내가 속았어. 크루 대위가 지불할 줄 알고 돈을 막 썼는데, 인형, 옷, 모두 다 제가 돈을 주고 샀습니다. 무엇이든지 갖고 싶어하는 것은 모두 사 주었지요. 마차에서 말까지, 그리고 식모까지. (쓰러진다.) 내쫓아 버려야지. (들어가다 나온다.) 아니지? 세라를 쫓으면 나쁜 소문이 난다. 돈 한푼도 없는 아이를 쫓아 버렸다고. 안 되지, 안 돼! (빙글빙글 돈다. 생각 중이다.) 그렇지! 본전을 빼자. 본전! 본전! (이 때 베키의 훌쩍거리는 소리를 듣고 찾아 낸다.)

민   턴 :   베키! 너 거기 서지 못 해. 여기서 뭣 하고 있었어.

베   키 :   선생님(싹싹빈다.), 잘못했습니다. 인형 구경하는데 선
            생님이 오시기에 혼날까 봐 숨었어요.

민   턴 :   너 여기서 다 듣고 있었지?

베   키 :   (떤다.) 아니에요. 나가려고 했지만 나갈 수가 없었어
            요. 듣지 않으려고 했는데 저절로 들렸어요. 소리가 워
            낙 커서요. 일부러 듣지는 않았어요. (운다.) 선생님 저
            를 야단쳐 주세요. 세라 아가씨는 불쌍해요. 아, 너무 딱
            해요.

민   턴 :   (팔짝 뛰면서) 나가!

베   키 :   (가다가 말고) 선생님 부탁이 있어요. 세라는 고생을
            모르고 자랐으니까, 제가 시중을 들겠어요. 뭣이든지
            더 부지런히 하겠습니다. 불쌍한 아가씨, 모두들 공주
            님이라 했는데……

1. 민턴이 들고 온 전보 용지에는 어떤 내용이 적혀 있었나요?

   ♣ _____

2. 민턴은 왜 세라를 내쫓지 않았나요?

   ♣ _____

◆ 다음 극본을 읽고 물음에 답해 보세요.

소공녀 세라 12

민 턴 : (발을 두 번 구르며) 그만! ㉠그 앤 자기 일뿐 아니
       라 다른 애들 심부름도 해야 돼. (베키의 멱살을 잡고 흔
       들며) 나가! (데굴데굴 굴러서 퇴장한다.) 세라! 세라!
       (세라인형을 안고 들어온다. 민턴 인형을 뺏어 버린다.)

세 라 : 돌려 주세요. 선생님! 아빠가 주신 거예요.

민 턴 : (전보 용지를 준다.) 나비니아에게 다 들었겠지? 이
       젠 모두가 다 변한 거야. 넌 알거지가 된 거야. 알거지!
       친척도 없고, 집도 없고, 돌보는 사람도 없는 거지야. 거
       지! (세라 바라다본다. 멍하니. ㉡변한 모습을 확인하듯)
       뭣 때문에 그렇게 빤히 쳐다보니? (옷매무새를 만진다.
       가책을 느낀 듯) 너, 내 말 못 알아듣는 바보니?

세 라 : 네. 알았습니다.

민 턴 : 그 인형, 멍청하게 옷을 입은 그 인형도 다 내가 산 거야.

세 라 : (주면서) 그럼 가져 가세요. 전 필요 없으니까요. (꼿
       꼿하다.)

민 턴 : 억지로 잘난 체하지 마라. 이젠 그 따위 버릇은 소용
       없어. 네가 공주님이란 꿈은 벌써 깨졌어. 마차나 말도
       팔아 버리겠어. 넌 낡고 더러운 옷을 입어야 돼. 베키처
       럼 먹기 위해서 너도 일을 하든지, 여기를 떠나든지 해라.

1. ㉠을 통해 알 수 있는 다음 장면에서의 세라의 모습을 추측해 보세요.

♣ _____

2. ㉡에서 변한 모습의 주체는 누구인가요?

① 베키　　　　　② 민턴　　　　　③ 세라　　　　　④ 관객

3. 민턴의 태도가 갑작스럽게 바뀐 이유는 무엇인가요?

♣ _____

4. 이 글에 나타나는 민턴 선생의 모습과 <u>다른</u> 것은 무엇인가요?

① 돈에 대한 욕심이 많다.
② 가난한 자를 핍박한다.
③ 진실 되지 못하고 가진 자에게는 아부를 한다.
④ 누구에게나 평등하게 애정을 베푼다.

5. 이 극본에서 민턴과 세라의 갈등의 원인은 무엇인가요?

① 돈에 대한 욕심이 많다.　　　　② 나비니아와 제시의 질투
③ 크루 대위의 사망　　　　　　　④ 관객의 무관심

◆ 다음 극본을 읽고 물음에 답해 보세요.

소공녀 세라 ⑬

세　　라 :　(밝게) 일을 시켜 주시겠어요? 어떤 일이라도 하겠습
　　　　　　니다. (생각에 빠지다 돌아서서 나온다.)

민　　턴 :　잠깐! 나한테 고맙다는 인사도 않니?

세　　라 :　(뚫어져라 쳐다보며) 뭐가 고맙다는 거죠?

민　　턴 :　내가 베푼 친절을 모르니? 네가 살 집을 주지 않았니?

세　　라 :　친절하지 않아요. 그리고, 여기는 제가 살 집이 아니
　　　　　　에요. (뛰어 들어가 버린다.)

민　　턴 :　나비니아, 세라가 사용하고 있던 방은 니가 사용해라.
　　　　　　(나비니아 삐쭉한다.) 세라가 게으름피지 못하도록,
　　　　　　그리고 다른 친구들과 어울려 놀지 못하도록 철저히 감
　　　　　　시하도록 해야 한다.

나비니아 :　선생님, 고맙습니다. 그런데 선생님은 돈을 너무 좋아
　　　　　　하시는 것 같습니다.

(조명 어두워지며 옷을 누더기로 입은 세라 등장. 유모차에 가득 실린 빨랫감을 끌고 마포 걸레를 들고 무대로 등장한다.) (무대를 한 바퀴 돌고 나서)

세   라 :   (㉠아빠에 대한 노래를 부른다. 그리고) 아빠는 불평하지 않았어. 나도 불평하지 않겠어.(힘을 내어서 힘차게 청소하면서 노래를 부른다.)

여긴 너무 쓸쓸해! 이 세상에서 가장 쓸쓸한 곳인지도 몰라. 아빠! 보고 싶어요. (기도) 하나님! 불쌍한 저를 도와 주시고 저희 아빠를 하늘나라에서 반드시 만나게 해 주세요. 그리고 불쌍한 베키에게도 용기를 주시고 힘을 주세요. 나비니아와 민턴 선생님을 사랑해 주세요.

(이 때 커다란 쥐가 나와서 기웃거린다.) 예수님의 이름으로 기도드립니다. 아멘. (서로 놀란 뒤 쥐는 계속 기웃거린다.)

어머! 안녕! 쥐야. 아, 배가 고픈가 보구나? (속에서 비스킷을 꺼내 던져 준다.) 가지고 가렴. 괜찮아. 가지고 가! (쥐 살금 와서 경계하다가 먹고 가지고 간다.) 우리 사이 좋게 지내자, 쥐야. (쥐, 고개를 끄덕인다.) (시장 갔다오는 베키, 빨리 숨는다.)

1. ㉠에 내포되어 있는 세라의 마음 상태는 어떠한가요?

① 당당하고 활기참   ② 아빠에 대한 원망과 배신감
③ 경쾌하고 맑음   ④ 아빠에 대한 그리움과 슬픔

◆ 다음 극본을 읽고 물음에 답해 보세요.

소공녀 세라 ⑭

(가)
베　키 :　세라 언니 누구야? 누구랑 얘기했어?

세　라 :　깜짝 놀라거나 소리 지르지 않는다고 약속하면 얘기해줄게.

베　키 :　도깨비?

세　라 :　아니.

베　키 :　그럼 더 무서운 거야?

세　라 :　글쎄, 더 무서워하는 사람도 있어. 나도 처음엔 무서워했으니까. 그렇지만 이젠 무섭지 않아.

　　㉠(나비니아와 제시, 엿보고 나간다. 이어서 마루에 발자국 소리가 급히 난다. 나비니아와 민턴이 들어온다. 베키는 바구니를 떨어뜨리고 떤다. 민턴 손에 회초리를 들었다.)

민　턴 :　나비니아 말이 맞았군. 일은 하지 않고 속닥거리고 있었지? (베키 앞으로 가서 베키 뺨을 치며) 내일 아침에 넌 여기서 쫓겨날 줄 알아.

세　라 :　(막아선다.) 잘못했어요. 열심히 청소할게요. 한 번만 용서해 주세요.

민　턴 :　너희 둘은 벌을 받아야 돼. 아침도, 점심도, 저녁도 안 줄테다. (세라 뚫어지게 바라다본다.) 사람을 왜 그렇게 빤히 쳐다보니?

세　라 :　전 ㉡지금 저의 모습을 아빠가 아신다면 뭐라고 하실까 생각했습니다.

1. 글 (가) 대화의 화제는 무엇인가요?

　① 청소　　　　② 귀신　　　　③ 쥐　　　　④ 도깨비

2. 대사를 통해 알 수 있는 세라의 성격이 <u>아닌</u> 것은 무엇인가요?

　① 의지가 강하다.　　　　② 착하고 밝다.
　③ 가식적이고 간사하다.　　④ 동정심이 강하다.

3. ㉠을 통해 알 수 있는 사실은 무엇인가요?

　① 나비니아와 제시가 민턴에게 고자질을 했다.
　② 나비니아와 제시는 서로 다투었다.
　③ 나비니아와 제시는 세라와 베키를 안쓰러워했다.
　④ 민턴은 아무리 급해도 사뿐사뿐 걷는다.

4. 민턴은 세리와 베키에게 어떤 벌을 주려고 했나요?

　♣ _____

5. ㉡의 의미는 세라의 어떤 모습을 뜻하나요?

　♣ _____

◆ 다음 극본을 읽고 물음에 답해 보세요.

소공녀 세라 ⑮

민　　턴 :　(화를 내고 덤벼들어 몸을 흔들며 소리친다.) 뭐라고? 이 건방진 계집애야, 뭐가 어째? (회초리로 때린다.) (반항하지 않는 세라. 나비니아가 몽둥이를 들고 있다. 때리는 족족 몽둥이가 부러진다.) (이 때, 초인종 소리 들린다. 나비니아 나간다.)

나비니아 :　누구십니까?

신　　사 :　(바깥에서) 세라 아빠의 친구 되는 사람입니다. (무대 정적이 흐른다.) 세라 크루가 여기 있다고 해서 찾아왔습니다. 민턴 선생님 세라를 데리고 가야겠습니다.

민　　턴 :　뭐라고요? 세라는 저희 청소부예요. (세라를 바라보며) 방으로 돌아가! 혼내줄 테니까!

신　　사 :　선생님! 저는 돌아가신 크루 대위의 친구입니다. 인도에서 금광 사업을 같이 했었지요. 크루 대위의 재산을 세라가 물려받게 되었습니다. 그래서 찾아온 것입니다.

민　　턴 :　　㉠재산이라고요?

신　　사 :　　네, 다이아몬드 광산은 세라의 것입니다. 이제 세라만
　　　　　　큼 큰 부자는 없을 겁니다.

민　　턴 :　　(금방 태도가 돌변해서) 이 아이를 그 동안 제가 돌봐왔
　　　　　　어요. 제가 돌보지 않았더라면 굶어 죽었을 겁니다.
　　　　　　세라! 나는 나쁘게 하지 않았어. 그렇지? 세라야. (아양
　　　　　　을 떤다.)

세　　라 :　　㉡그랬나요, 선생님?

　　세라 아버지의 친구는 세라와 베키를 데리고 학교를 떠난다. 학교
현관에서 민턴과 학생들이 세라를 바라보고 있다.

1. 신사가 세라를 찾아온 까닭은 무엇인가요?

　　♣ _____

2. ㉠은 어떤 목소리로 읽어야 할까요?

　　① 두려운 목소리로　　　　② 놀란 목소리로

　　③ 반가운 목소리로　　　　④ 불쾌한 목소리로

3. ㉡은 어떤 목소리로 읽어야 할까요?

　　① 슬프게　　　② 차갑게　　　③ 화를 내며　　　④ 밝게

4. 이 극본은 내용상 어디에 속하나요?

　　① 희극　　　　　　② 비극　　　　　　③ 드라마　　　　　　④ 희비극

5. 다음 빈 곳을 채워 보세요.

> 극본은 막에 따라 단막극과 (　　　　　　　　)으로 나뉜다.
> 단막극은 (　　　　　　　　)으로 이루어진 극본이며,
> 장막극은 (　　　　　　　　) 이상으로 이루어진 극본이다.
> 이 극본 '소공녀 세라'는 (　　　　　　　)에 속한다.

[심화학습] 이 극본의 뒤에 이어질 내용을 줄글로 이어 써 보세요.

♣ ＿＿＿＿＿＿＿＿＿＿＿＿＿＿＿＿＿＿＿＿＿＿＿＿＿＿＿＿

　＿＿＿＿＿＿＿＿＿＿＿＿＿＿＿＿＿＿＿＿＿＿＿＿＿＿＿＿＿

　＿＿＿＿＿＿＿＿＿＿＿＿＿＿＿＿＿＿＿＿＿＿＿＿＿＿＿＿＿

　＿＿＿＿＿＿＿＿＿＿＿＿＿＿＿＿＿＿＿＿＿＿＿＿＿＿＿＿＿

　＿＿＿＿＿＿＿＿＿＿＿＿＿＿＿＿＿＿＿＿＿＿＿＿＿＿＿＿＿

　＿＿＿＿＿＿＿＿＿＿＿＿＿＿＿＿＿＿＿＿＿＿＿＿＿＿＿＿＿

　＿＿＿＿＿＿＿＿＿＿＿＿＿＿＿＿＿＿＿＿＿＿＿＿＿＿＿＿＿

♣ 논술 연습 - 상상하여 표현하기

1. 나의 소개 :

　　나는 기린입니다._____

_____

2. 나의 감정 :

_____

_____

3. 나의 희망 :

_____

_____

◆ 다음 글을 읽고 뒷부분에 이어질 내용을 상상하여 써 보세요.

씨가 땅에 묻히면 싹이 돋아나는 것처럼, 씨를 삼켜서 뱃속에 들어가도 땅 속에 묻히는 것과 똑같은 거라고 생각한 것이에요.

아기돼지들 모두 이 말이 옳다고 생각했습니다.

"나무가 자란다고?"

하얗게 질린 포동이는 땅바닥에 주저앉았어요.

"너무 끔찍해!"

포동이는 머리에서 나무가 자라는 모습을 상상하고는 흐느껴 울기 시작했습니다.

◆ 다음 그림을 보고, 두 그림 중 하나를 골라 상상하는 글을 써 보세요.

1. 나는 ＿＿＿＿＿입니다. ＿＿＿＿＿＿＿＿＿＿＿＿＿＿＿

＿＿＿＿＿＿＿＿＿＿＿＿＿＿＿＿＿＿＿＿＿＿＿＿＿＿＿＿＿＿

＿＿＿＿＿＿＿＿＿＿＿＿＿＿＿＿＿＿＿＿＿＿＿＿＿＿＿＿＿＿

＿＿＿＿＿＿＿＿＿＿＿＿＿＿＿＿＿＿＿＿＿＿＿＿＿＿＿＿＿＿

＿＿＿＿＿＿＿＿＿＿＿＿＿＿＿＿＿＿＿＿＿＿＿＿＿＿＿＿＿＿

2. 나는 ＿＿＿＿＿입니다. ＿＿＿＿＿＿＿＿＿＿＿＿＿＿＿

＿＿＿＿＿＿＿＿＿＿＿＿＿＿＿＿＿＿＿＿＿＿＿＿＿＿＿＿＿＿

＿＿＿＿＿＿＿＿＿＿＿＿＿＿＿＿＿＿＿＿＿＿＿＿＿＿＿＿＿＿

＿＿＿＿＿＿＿＿＿＿＿＿＿＿＿＿＿＿＿＿＿＿＿＿＿＿＿＿＿＿

＿＿＿＿＿＿＿＿＿＿＿＿＿＿＿＿＿＿＿＿＿＿＿＿＿＿＿＿＿＿

♣ 낱말 찾기

1. 국어 사전을 준비하여 다음 낱말을 찾아 그 뜻을 적어 보도록 하세요.

    1) 전통 : _____

    2) 다복솔 : _____

    3) 해오라기 : _____

    4) 소나기 : _____

    5) 미리내 : _____

    6) 가시버시 : _____

> **[참고]** 낱말이 국어 사전에 실리는 순서
> 첫소리 : ㄱㄲㄴㄷㄸㄹㅁㅂㅃㅅㅆㅇㅈㅉㅊㅋㅌㅍㅎ
> 가운뎃소리 : ㅏㅐㅑㅒㅓㅔㅕㅖㅗㅘㅙㅚㅛㅜㅝㅞㅟㅠㅡㅢㅣ
> 끝소리 : ㄱㄲㄳㄴㄵㄶㄷㄹㄺㄻㄼㄽㄾㄿㅀㅁㅂㅄㅅㅆㅇㅈㅊㅋㅌㅍㅎ

2. 다음 물음의 범주에 알맞은 낱말을 찾아 써 보세요.

    1) 두 글자 낱말 : 김장, _____

    _____

    2) 세 글자 낱말 : 다랑어, 도시락 _____

    _____

    3) 봄에 관한 낱말 : 아지랑이, _____

    _____

♣ 주어진 낱말을 넣어 한 문장으로 말하기

1. 다음 주어진 낱말을 넣어 한 문장으로 이야기를 꾸며 보세요.

　　1) 선생님

　♧ _____

　　2) 내 친구는

　♧ _____

　　3) 나의 희망은

　♧ _____

　　4) 우리 가족은

　♧ _____

2. 다음 주어진 낱말을 넣어 한 문장으로 이야기를 꾸며 보세요.

　　1) 선생님은 ~ 하시고,

　♧ _____

　　2) 내 친구는 ~에서 ~을

　♧ _____

　　3) 나의 희망은 ~을 만드는 것이다.

　♧ _____

　　4) 우리 가족은 ~이며, 행복하게 살아갑니다.

　♧ _____

♣ 한자 성어를 배워요. - 言中有骨(언중유골)

◆ 다음 한자 성어를 소리내어 읽어 보고 빈 칸에 써 보세요.

言	中	有	骨
말씀 언	가운데 중	있을 유	뼈 골

: 예사로운 말 속에 심상치 않은 속뜻이 들어 있음을 뜻합니다.

> 어제는 청소 상태가 매우 양호해서 선생님의 기분이 참 좋았어요.

> 매일 하는 청소지만 책임을 다하는 성실한 자세를 선생님은 높이 사고 싶어요.

> 어제 수고한 청소 당번들 손들어 봐요.

> 칭찬해 주는 의미에서 모두 박수!

짝 짝 짝

> 여러분, 선생님은 깨끗하지 않은 걸 제일 싫어해요.

> 앞으로도 우리 반이 깨끗한 반이 되도록 노력할거예요.

> 여러분도 적극적으로 협조하길 바래요.

> '언중유골' 이라더니 이제 우리는 청소할 일만 남았구나.

※ 쓰임 : ☐☐☐☐ 이라더니만 예사로운 말 속에 뼈처럼 단단한 속뜻이 들어 있구나!

기초 탄탄에 최고 효과!

기탄국어

◀ 학습 관리표 ▶

금주평가	듣 기	읽 기	쓰 기	짓 기	이번 주는?		
	Ⓐ 아주 잘함	Ⓐ 아주 잘함	Ⓐ 아주 잘함	Ⓐ 아주 잘함	• 학습방법:	① 매일매일	② 가끔
						③ 한꺼번에	- 하였습니다.
	Ⓑ 잘함	Ⓑ 잘함	Ⓑ 잘함	Ⓑ 잘함	• 학습태도:	① 스스로 잘	
						② 시켜서 억지로	- 하였습니다.
	Ⓒ 보통	Ⓒ 보통	Ⓒ 보통	Ⓒ 보통	• 학습흥미:	① 재미있게	
						② 싫증내며	- 하였습니다.
	Ⓓ 부족함	Ⓓ 부족함	Ⓓ 부족함	Ⓓ 부족함	• 교재내용:	① 적합하다고	② 어렵다고
						③ 쉽다고	- 하였습니다.

♣ 지도 교사가 부모님께	♣ 부모님이 지도 교사께

종합평가	Ⓐ 아주 잘함	Ⓑ 잘함	Ⓒ 보통	Ⓓ 부족함

원
교   반   이름   전화

기초 탄탄한 교육 · 기초 탄탄한 학습
Ｇ 기탄교육
www.gitan.co.kr / (02)586-1007(대)

J 단계 교재　J221a-J240b 학습 내용

교재번호	내　　　용	분　류
221a ~ 221b	두꺼비 파리를 물고	시조
222a ~ 224a	개교 기념일 기념사	연설문
224b ~ 228a	판도라의 상자	동화
228b ~ 230b	관찰 기록문 쓰기	논술 기초
231a ~ 235b	개구리	설명문
236a	제목 붙이기	논술 기초
236b ~ 237b	주제 찾고 주제문 쓰기	논술 기초
238a	중심 생각을 정하여 글쓰기	논술 연습
238b ~ 239a	이야기 이어쓰기	논술 연습
239b ~ 240a	주장하는 글쓰기	논술 연습
240b	十年知己(십년지기)	한자 성어

시조 – 두꺼비 파리를 물고

◆ 다음 시조를 읽고 물음에 답해 보세요.

두꺼비 파리를 물고

두꺼비 파리를 물고 두엄 위에 치달아 앉아
건넛산 바라보니 송골매가 떠 있거늘 가슴이 ㉠끔찍하여 풀떡
뛰어 ㉡내닫다가 두엄 아래 자빠졌구나.
아 날랜 나이니망정이지 어혈할 뻔했구나.

☆ 짜임 : 중장이 길어진 엇시조　　　☆ 글감 : 두꺼비　　　☆ 지은이 : 미상
☆ 주제 : 송골매에게 놀라 자빠진(넘어진) 두꺼비

1. 다음 낱말의 뜻을 알아보세요.

1) 두엄 : _____

2) 치달아 : _____

3) 송골매 : _____

4) 어혈할 : _____

2. ㉠과 ㉡의 시어와 바꿔 쓸 수 있는 말끼리 묶은 것은 무엇인가요?

① 뜨끔하여 - 내리다가   ② 뜨끔하여 - 뛰어가다가

③ 철렁하여 - 뛰어가다가   ④ 철렁하여 - 내리다가

3. 이 시조는 어떤 내용을 담고 있나요?

♣ _____

4. 이 시조의 짜임으로 바른 것은 무엇인가요?

① 3장 6구의 평시조   ② 초장이 길어진 엇시조

③ 중장이 길어진 엇시조   ④ 3장 6구의 연시조

5. 이 시조의 분위기는 어떠한가요?

♣ _____

[심화학습] 시조에 등장하는 두꺼비는 어떤 사람과 비교할 수 있을까요?

♣ _____

연설문 - 개교 기념일 기념사

◆ 다음 연설문을 읽고 물음에 답해 보세요.

개교 기념일 기념사 ①

　　하늘이 더욱 높고 푸르른 10월입니다. 들녘은 추수의 풍요로움으로 가득하고, 산은 오색의 단풍으로 한층 더 아름답게 단장을 하니, 이 세상이 온통 축복을 받은 듯합니다. ㉠그래서인지 오늘 이 자리에 참석하신 내빈 여러분의 표정 또한 맑고 환해 보입니다. 그리고 개교 25돌을 맞이한 우리 ○○ 초등 학교의 교직원과 학생 여러분의 표정 또한 더없이 행복해 보입니다.

　　지난 ○○년에 개교를 한 이 학교가 벌써 스물다섯 해를 지나왔습니다. 사람의 나이로 치면 이제 사회에서 제 역할을 톡톡히 담당하고 있을 나이이고, 계절로 치면 한껏 푸르른 녹음을 자랑하는 여름을 지나고 있을 때에 해당되겠지만, 개교 기념일이 가을에 있어서인지 우리 학교는 벌써 수확을 많이 올린 풍요로움 속에 있으니, 나는 이 학교의 교장으로서 더없는 자랑스러움을 안고 이 자리에 섰습니다.

1. 무엇을 기념하기 위해 쓴 글인가요?

　♣ _____

2. ㉠이 뜻하는 것은 무엇인가요?

　♣ _____

◆ 다음 연설문을 읽고 물음에 답해 보세요.

개교 기념일 기념사 ②

학교의 전통을 내세우는 것은 동서양이 한가지이겠으나, 우리가 일반적으로 말하는 학교의 전통이란, 그 학교의 역사를 가장 우선으로 생각합니다.

그러나, 이제는 학교의 전통을 말할 때, 그 학교의 정신과 사회에 대한 공헌도, 그리고 올바른 교육의 자취를 얼마나 남겼는지도 함께 고려해야 될 것이라고 생각합니다. 연륜이야 세월이 가면 채워지는 것이지만 지나온 학교의 세월 동안 학교의 정신과 사회에 끼친 공헌도, 그리고 교육의 업적은 실로 25해의 연륜을 넘어서는 소중한 것입니다.

그래서 나는, 개교 기념일을 맞이하여 우리 ○○ 초등 학교의 모든 가족들에게 앞으로도 우리 학교가 나아가야 할 몇 가지에 대해 당부하고자 합니다.

　　첫째, 올바른 정신을 함양하는 학교가 되도록 우리 모두 힘쓰자는 것입니다. 학생은 선생님을 믿고 따르며, 선생님들은 학생들을 내 자녀처럼 생각하여 참된 사랑으로 가르치는 학교가 되어야겠습니다. 학생 여러분들은 이 학교를 졸업하여 상급 학교에 갈 것이고, 곧 사회에 나가 이 사회의 어엿한 주체가 될 것입니다. 그 때 여러분들은 우리 초등 학교에서 배우고 익힌 그 정신으로 이 사회를 밝고 건전하게 이끌어 나갈 수 있어야 합니다. 우리 학교의 교훈인 '슬기로움과 아름다움'의 진정한 의미를 알고 그것을 함양하고 실천해야 하며, 학문의 목적을 개인적이거나 집단적인 이익을 위한 것에다 두지 말고, 민족의 이익을 위한, 나아가서는 세계사의 발전을 위한 것에다 두어야 합니다.

1. 글쓴이가 주장하는 학교의 전통에 대한 생각과 <u>다른</u> 것은 무엇인가요?

① 학교의 역사　　　　② 학교의 정신

③ 사회에 대한 공헌도　　　　④ 졸업생의 수

2. 교장 선생님께서 학생과 선생님에게 당부한 것은 무엇인가요?

♣ _____

3. 학문의 목적을 어디에 두어야 한다고 말하나요?

① 올바른 정신 함양에　　　　② 개인적인 이익에

③ 집단적인 이익에　　　　④ 세계사의 발전을 위해

◆ 다음 연설문을 읽고 물음에 답해 보세요.

개교 기념일 기념사 ③

둘째, 우리 학교는 이 사회의 건전하고 유능한 일꾼을 길러 내는 기초 산실이 되어야 합니다. 모든 교육은 가정 교육에서 출발하고, 고등 교육보다 중등 교육이, 중등 교육보다 초등 교육이, 그리고 초등 교육보다도 유아 교육이 더 중요하다는 사실은, 교육에 대한 기초적인 안목만 있어도 모두 아는 사실입니다만, 초등 교육이 지닌 중요성을 간과해서는 안 될 것입니다.

㉠이 시기에 잘못된 생활 습관, 가치관, 세계관을 고쳐 주지 못하면 그것은 ㉡평생 동안 고칠 수 없으리라 생각되기에, 우리는 이 점에 최선을 다해야 한다고 생각합니다.

교육의 흔적은 굵고 빛나는 것도 필요하지만, 정말 필요한 것은 소홀하게 넘기고 갈 수 있는 것들입니다. 여러분이 줍는 휴지 하나가 그것이요, 여러분이 학교를 찾아오는 손님에게 친절하게 고개 숙이는 인사가 그것이며, 여러분이 서로 사랑하는 마음으로 급우를 사귀는 자세가 그것입니다. 여러분이 이 학교에 다니면서 지은 시 한 편, 그림 한 점이 그것이며, 손수 가꾼 나무들 하나가 그것입니다.

여러분이 올바른 정신으로 배워서, 이 학교에 가치로운 흔적을 남겨 놓고, 나아가서 이 사회의 건전하고 올곧은 일꾼이 된다면, 우리 ○○ 초등 학교는 언제나 자랑스러운 전통으로 빛날 것이며, 누구나 부러워하는 학교가 될 것입니다.

　　끝으로, 오늘 본교의 개교 기념일을 축하해 주기 위해 참석하신 여러 손님들께 본교 교직원과 학생을 대표하여 감사드리며, 여러분의 가정에 가을 들녘과 같은 풍요로움과 가을 하늘과 같은 맑고 푸르름이 늘 함께 하기를 기원합니다. 감사합니다.

20◯◯년 ◯◯월 ◯◯일

학교장

1. ㉠은 어떤 시기를 가리키는 말인가요?

① 유아 교육　　　　　　　　② 초등 교육

③ 중등 교육　　　　　　　　④ 고등 교육

2. ㉡과 의미가 통하는 속담을 모두 고르세요.

① 제 버릇 개 못 준다.
② 서당개 삼 년이면 풍월을 읊는다.
③ 어려서 굽은 나무는 커서도 굽는다.
④ 소리 없는 벌레가 구멍을 뚫는다.

[심화학습] 여러분도 이 글과 같이 '이사 ○주년 기념사' 또는 '생일 ○주년 축사' 등과 같은 연설문을 직접 써 보고, 가족이나 친구 앞에서 연설을 해 보세요.

♧ _____

_____

_____

동화 – 판도라의 상자

◆ 다음 동화를 읽고 물음에 답해 보세요.

판도라의 상자 ①

신들의 회의가 열렸습니다. 어떤 신이 말했습니다.

"우리의 힘만으로는 하늘 아래 넓은 세계를 다스리기가 힘겹습니다. 산과 바다를 계속해 지켜야 하고, 꽃과 나무를 돌보며 시간을 보내기엔 우리가 해야 할 일이 너무나 많습니다."

신들은 ㉠세상의 잔일들을 돌보는 데 싫증이 나 있었습니다.

"그렇다고 그냥 놔둘 수는 없지 않소. 홍수라도 나면 우리가 힘들게 올린 산이 무너져 버릴 테고, 가뭄이라도 들라치면 짐승들이 죽어갈 텐데, 그 어려운 일을 누구에게 맡긴단 말이오?"

또 다른 신이 얼토당토않다는 듯이 화를 냈습니다.

"이건 어떻습니까? 우리와 똑같은 모습을 한 사람을 만드는 겁니다. 머리에는 지혜를, 가슴에는 용기를 넣어 주는 겁니다. 그러면 아무리 어렵고 힘든 일이 생기더라도 현명하게 헤쳐 나갈 수 있을 겁니다."

두 신이 옥신각신하는 것을 보고 기둥에 기대고 있던 신이 말했습니다. 이 말을 들은 신들은 저마다 고개를 갸웃거렸습니다.

"사람이라고?"

"우리처럼 말하고 생각하는 사람을 만들자는 말이오?"

신들은 인간에 대해서 조금씩 호감을 느꼈습니다.

"거 좋은 생각이군요. 사람에게 산과 강과 나무와 꽃을 돌보게 하는 겁니다."

1. ㉠을 가리키는 사례들을 글 ①에서 찾아 써 보세요.

♣ _____

2. 신들은 인산이 어렵고 힘든 일을 현명하게 헤쳐 나갈 수 있게 하기 위해 무엇을 주어야 한다고 생각했나요?

♣ _____

3. 다음 문장에서 명사를 찾아 O를 해 보세요.

신은 인간에게 온갖 자연을 돌보게 했다.

◆ 다음 동화를 읽고 물음에 답해 보세요.

판도라의 상자 ②

제우스는 신들의 의견에 따라 인간을 만들기로 마음먹었습니다. 신들이 모두 돌아간 뒤 제우스는 혼자 신전에 남아 생각에 잠겼습니다. 이윽고 제우스는 천천히 뜰로 걸어 나와 뜰 안에 있는 흙 중 가장 부드러운 흙을 긁어 모았습니다. 그리고 작은 돌틈을 비집고 나오는 물을 물병에 가득 담았습니다.

제우스는 그것들을 타고 다니던 황금 마차에 싣고 집으로 돌아왔습니다.

제우스는 집에서 가장 깨끗하고 조용한 방을 골라, 신전에서 가지고 온 물과 흙을 가지고 들어갔습니다. 그리고 안에서 문을 단단히 걸어 잠궜습니다.

신들은 어떤 인간이 만들어질지 궁금해 견딜 수가 없었습니다. 그러나 제우스는 일이 끝날 때까지는 절대 작업실 문을 열어 주지 않았습니다. 신들의 호기심은 더욱 커졌습니다.

"새로 만든 인간이 보고 싶은데……."

"어떻게 만들었을까?"

"여잘까, 남잘까?"

그들은 새로 태어날 인간의 모습을 상상하며 즐거워했습니다. 드디어 제우스가 모든 신들을 신전으로 초대했습니다. 인간이 완성된 것입니다.

　　이야기를 나누던 웅성거림이 사라지고 신전은 조용해졌습니다.
문이 열리고 제우스가 예쁘게 생긴 여자의 손을 잡고 들어왔습니다.
　　"와아!"
　　"대단한 걸."
　　신들은 이제까지 제우스가 만든 작품들 중 최고의 걸작이라고 생
각하며 만족해 했습니다.

1. 제우스가 인간을 만들기 위해 사용한 것은 무엇과 무엇이었나요?

♣ _____

2. 제우스가 만든 인간의 모습은 어떠했는지 설명해 보세요.

♣ _____

◆ 다음 동화를 읽고 물음에 답해 보세요.

판도라의 상자 ③

어떤 꽃도 ㉠이 여자만큼은 예쁘지 않았습니다. 신들은 이 ㉡최고의 걸작품에게 저마다 한 가지씩 선물을 나누어 주었습니다. 제우스는 여자에게 '판도라'라는 이름과 함께 커다란 나무 상자를 선물로 주었습니다.

상자 안에는 아무것도 들어 있지 않았습니다. 신들은 저마다의 선물로 상자 안을 가득 메워 주었습니다. 아름다움의 신은 판도라에게 아름다움을 선물로 주었습니다.

풍요로움의 신은 풍요로움을 지혜의 신은 지혜를, 희망의 신은 희망을 판도라에게 선물로 주었습니다. 제우스는 그것들을 빠짐없이 상자 안에 차곡차곡 쌓았습니다. 그러나 신들이 내린 선물은 인간의 눈에는 보이지 않는 것들이었습니다. 제우스는 그 상자를 단단한 자물쇠로 잠근 뒤 판도라에게 건네 주었습니다.

"상자엔 신들이 내린 선물로 가득하단다. 하지만 판도라야, 잊지 말아라. 절대 이 상자를 열어 보면 안 된다. 그것들은 낙엽처럼 가볍고, 바람보다 방종해서 쉽게 사라져 버리고 만단다. 상자를 여는 순간 모든 것이 사라져 버릴 거야."

판도라는 고개를 끄덕이며 다짐했습니다.

'열지 말아야지. 신들이 준 선물인데 잘 간직해야지.'

그러나 호기심의 신이 판도라에게 호기심을 선물한 것을 판도라도 제우스도 알지 못했습니다.

1. 제우스가 여자에게 준 선물은 무엇인지 모두 골라 보세요.

　　① 이름　　　　② 곡식　　　　③ 지혜　　　　④ 나무 상자

2. 판도라의 상자 안에 담겨 있는 것이 <u>아닌</u> 것은 무엇인가요?

　　① 풍요로움　　② 희망　　　③ 호기심　　　④ 황금

3. 신들이 판도라에게 준 선물들의 공통된 특징은 무엇인가요?

　　① 값이 많이 나가는 것들이다.
　　② 올림푸스에만 존재하는 것들이다.
　　③ 인간의 눈에는 보이지 않는 것들이다.
　　④ 인간이 들기에는 무거운 물건이다.

4. ㉠과 ㉡이 공통적으로 가리키는 인물은 누구인가요?

　　♣ ＿＿＿＿＿＿＿＿＿＿＿＿＿＿＿＿＿＿＿＿＿

5. 글 3의 전개 방식으로 가장 알맞은 것은 무엇인가요?

　　① 설명　　　　② 대조　　　③ 논증　　　④ 묘사

◆ 다음 동화를 읽고 물음에 답해 보세요.

판도라의 상자 ④

땅 위로 내려온 판도라는 그 날부터 세상에 살고 있는 생명들을 돌보았습니다. 비가 많이 내릴 때는 산 뒤에 커다란 웅덩이를 파 빗물을 담아 두고, 햇빛이 뜨겁게 내리쬘 때는 그늘을 만들어 짐승들이 쉴 수 있도록 했습니다.

그러나 날이 갈수록 판도라는 세상 일에 흥미를 잃어 갔습니다. 상자 안에 무엇이 들어 있는지 궁금했던 것입니다.

'뭐가 들어 있을까?'

밤이 되어도 판도라는 잠을 잘 수가 없었습니다. ㉠벽 쪽으로 얼굴을 돌려도 벽 가득히 상자가 그려졌습니다. 천장을 바라봐도 상자가 보였습니다. 뚜껑이 활짝 열린 상자였습니다.

'제우스는 열지 말라고 했지만, 뭐 어때? 살짝 열어 보고 다시 닫으면 되지.'

판도라는 쉽게 사라져 버린다는 제우스의 말을 순간 까맣게 잊었습니다.

판도라는 상자를 들고 작은 방으로 들어갔습니다. 그 곳은 누구의 방해도 받지 않고 상자를 열어 볼 수 있는 장소였습니다. 판도라는 창문을 모두 닫고 가만히 앉았습니다. 그리고 두근거리는 가슴을 안고 조심스럽게 자물쇠를 열었습니다.

'삐그덕――'

'휙휙.'

무엇인가가 빠른 속도가 날아가 버렸습니다.

"아니 이게 뭐야? 맞아! 제우스가 상자를 열면 안에 든 선물이 날아가 버린다고 했지."

판도라는 급히 뚜껑을 닫았습니다. 그러나 때는 이미 늦어 상자 안에 든 것이 벌써 날아가 버린 뒤였습니다. 하지만 상자 안에 꼭꼭 숨겨진 것이 하나 있었습니다. 그것은 바로 희망이었습니다. 그래서 사람들은 어떠한 환경 속에서도 희망만은 잃지 않고 살아가는 것이랍니다.

1. ㉠의 문장을 통해 다음에 일어날 일을 미리 예측해 보세요.

♧ _____

2. 판도라가 상자를 들고 작은 방으로 들어간 이유는 무엇인가요?

♧ _____

[심화학습] 판도라의 상자 안에 꼭꼭 숨겨진 것 하나는 희망이었습니다. 만약 여러분에게 판도라의 상자가 주어진다면 어떤 것을 숨겨 두고 싶은가요? 생각해 보고 그 이유와 함께 써 보세요.

♧ _____

_____

_____

♣ 논술 기초 - 관찰 기록문 쓰기

◆ 다음 글은 어떤 글의 시작 부분입니다. 다음 물음에 답해 보세요.

> 　나는 요즈음 관찰과 실험에 관심이 많아졌다. 우리 주변에서 무심히 보아 넘기기 쉬운 사물들도 계획을 세워 자세히 살펴보면, 흥미로운 점들을 발견할 수 있기 때문이다.
>
> 　나는 친구 정아와 함께 주변에서 흔히 볼 수 있는 초파리에 대해 관찰하고, 그 결과를 기록해 보기로 했다. 선생님께 이런 사실을 말씀드렸더니, 선생님께서는 우리에게 도움말을 많이 해 주셨다.
>
>

1. 위 글은 어떤 종류의 글인가요?

♣ _____

2. 다음 중 관찰 기록문 쓰는 방법으로 바르지 <u>못한</u> 태도는 어느 것인가요?

① 관찰한 내용을 사실대로 쓴다.

② 관찰한 내용을 구체적으로 쓴다.

③ 잘 모르는 것은 상상하여 쓴다.

④ 관찰에 들어가기 전에 백과 사전에서 찾아보고 쓴다.

3. 다음 중 관찰 동기와 대상이 잘 드러난 글은 어느 글인가요?

① 아버지께서 개미귀신은 개미와 같은 곤충을 잡아먹고 산다고 하셨다. 나는 개미귀신에 대하여 자세히 관찰하고 싶어 친구와 함께 개미귀신을 채집하고 사육 상자도 만들었다.

② 개미귀신은 크기가 엄지손톱만 한데, 작은 것은 새끼손톱보다 더 작았다. 등과 옆구리에는 듬성듬성 규칙적으로 털이 나 있었고, 머리에는 집게 모양의 털이 있었다.

③ 나는 죽은 개미를 옆에 가져다 놓았다. 개미귀신은 아무런 반응이 없었다. 죽은 개미를 슬쩍 건드려 털에 닿게 하였더니 개미귀신은 움찔하며 반응을 보였다.

④ 우리 주위에는 개미귀신처럼 신기한 생물이 많이 있다. 자연에 관심을 가지고, 자연을 더욱더 주의 깊게 관찰해야겠다는 생각이 들었다.

4. 관찰 기록문을 쓰기 위한 관찰 대상에는 어떤 것들이 있을지 생각해 보고 종류를 나열해 보세요.

1) 가축 : ＿＿＿＿＿＿＿＿＿＿＿＿＿＿＿＿＿＿＿＿＿＿＿

2) 곤충 : ＿＿＿＿＿＿＿＿＿＿＿＿＿＿＿＿＿＿＿＿＿＿＿

◈ 다음 글을 읽고 물음에 답해 보세요.

> 먼저 초파리가 좋아하는 음식을 살펴보기 위해 부엌으로 갔다. 우리는 고기, 생선, 야채, 과일, 밥을 각각 접시에 담았다.
> 나는 고기가 담긴 접시에 초파리가 가장 많이 모여들 것이라고 생각했다. 우리는 음식 접시에서 조금 떨어져 앉았다.
> 초파리는 음식 찌꺼기 위를 부산하게 날아다녔다. 10분쯤 지났다. 나의 예상은 빗나갔다. 의외로 초파리는 과일 접시로 많이 모였다.
> 초파리가 좋아하는 음식은 신 냄새가 나는 과일이라는 것을 알았다.

1. 관찰한 대상은 무엇인가요?

♧ _____

2. 무엇을 알아보기 위한 실험인가요?

♧ _____

3. 이 글의 내용으로 보아 다음 중 어느 것에 초파리가 가장 많이 모여들까요?

① 홍시   ② 바나나   ③ 포도   ④ 수박

◈ 다음 과정에 따라 개요를 짜고, 관찰 기록문을 써 보세요.

> 1) 관찰 대상 선정하기
> : 관찰할 대상을 선정하고, 그것의 사진이나 그림을 붙여 보세요.
>
> | |
> | :---: |
> | 사진이나 그림 |
>
> 2) 관찰한 내용 생각하기
> 　　가) 크기와 색깔은?
> 　　나) 생김새는?
> 　　다) 성격이나 특성은?
> 　　라) 사람과의 관계는?
>
> 3) 관찰 기록문 쓰기

1. 다음은 관찰 기록문을 쓰기까지의 과정을 적은 것입니다. 빈 칸에 알맞은 과정을 써 보세요.

관찰할 대상 선정하기 → 관찰할 내용 생각하기 → 선정한 대상 관찰하기 → 자료를 조사하고 정리하기 → (　　　　　　　　　　) → 관찰 기록문 쓰기

◆ 관찰 대상을 정하여 직접 관찰하고 참고 도서(백과 사전, 동·식물도감 등)를 활용하여 관찰, 조사 내용을 기록하는 개요표를 작성해 보세요.

1. 관찰 대상 : _____

2. 관찰 기간 : (   )년 (   )월 (   )일~(   )년 (   )월 (   )일

3. 관찰 내용 (크기, 서식 장소, 쓰임, 꽃말, 분류(습성)) :

   1) 크기 : _____

   2) 모양 : _____

   3) 서식 장소 : _____

   4) 쓰임 : _____

   5) 꽃말 : _____

   6) 분류(습성) : _____

4. 그림 및 사진 :

   ┌─────────────────────────────┐
   │   │
   │   │
   │   │
   │   │
   └─────────────────────────────┘

5. 생각이나 느낌 : _____

_____

_____

설명문 - 개구리

◆ 다음 설명문을 읽고 물음에 답해 보세요.

개 구 리 ①

　물 속에 사는 동물은 땅 위에서 사는 동물과는 여러 가지로 차이가 있다. 그런데 신기하게도 물 속과 땅 위 양쪽에서 사는 ㉠신기한 동물이 있다. 거북, 악어, 개구리 등이 그런 동물에 속한다. 그 중에서도 개구리는 피부가 매끄러운 양서류(兩棲類)에 속한다. 두꺼비와 생김새는 비슷하지만 두꺼비는 피부가 울퉁불퉁하게 솟아 있지만 개구리는 그렇지가 않다.

　여기서는 여러 신기한 동물 가운데서도 개구리의 종류와 먹이, 특성 등에 대해 알아보겠다.

♤ 양서류(兩棲類) : 물 속과 땅 양쪽에서 사는 생물.

---

1. ㉠에 속하지 <u>않는</u> 것은 다음 중 무엇인가요?

① 거북   ② 개구리   ③ 두꺼비   ④ 악어

2. 다음 중 글 ①의 내용과 <u>다른</u> 것은 무엇인가요?

① 개구리는 포유류에 속한다.

② 개구리는 피부가 매끄럽다.

③ 개구리는 두꺼비와 비슷한 생김새를 가지고 있다.

④ 개구리는 땅 위와 물 속을 오가며 살아간다.

◆ 다음 설명문을 읽고 물음에 답해 보세요.

개 구 리 ②

　개구리는 그 종류가 매우 다양한데 우리 나라 개구리와 외국에 사는 개구리의 종류도 많이 다르다. 우리가 시골에서 흔히 볼 수 있고, 동화를 통해서도 잘 알려진 청개구리도 개구리의 한 종류이다. 외국에서 들여와 지금은 천적(天敵)이 없을 정도로 생태계를 파괴하여 문제가 되고 있는 황소개구리도 있다. 그리고 아프리카에 사는 풀개구리는 신기하게도 발가락 끝으로 무엇이든 끌어당길 수 있어 나무 등을 잘 기어오르기도 한다. 일본에 사는 개구리 중의 한 종류인 단도개구리는 발가락이 날카로운 단도(短刀)처럼 생겼다고 해서 단도개구리로 불리운다. 그 이외에도 오뚝이개구리, 옴개구리, 숲푸른개구리, 날아다닌다고 해서 날개구리라고 불리우는 개구리 등 종류가 많다.

　♤ 천적(天敵) : 어떤 생물이 다른 생물을 잡아먹을 때, 잡혀 먹는 생물에 대해서 잡아먹는 생물을 말함.
　♤ 단도(短刀) : 짧은 칼.

1. 글 **2** 에 주로 쓰인 내용은 다음 중 무엇인가요?

　　① 개구리의 생김새　　　　② 개구리의 서식처

　　③ 개구리의 종류　　　　　④ 개구리의 먹이

2. 다음 개구리들의 이름을 쓰고, 그런 이름이 붙게 된 이유를 써 보세요.

　　1) 청개구리 : _____

　　2) 황소개구리 : _____

　　3) 단도개구리 : _____

　　4) 날개구리 : _____

3. 다음 중 잘못 짝지어진 것은 무엇인지 모두 고르세요.

　　① 우리 나라 - 청개구리　　　② 일본 - 단도 개구리

　　③ 아프리카 - 옴개구리　　　　④ 영국 - 황소개구리

4. 다른 개구리들과 달리 풀개구리만이 가지고 있는 특징은 무엇인가요?

　　♣ _____

5. 다음 낱말의 뜻을 사전에서 찾아보고, 낱말을 넣어 짧은글을 지어 보세요.

　　1) 천적 : _____

　　2) 생태계 : _____

◆ 다음 설명문을 읽고 물음에 답해 보세요.

개 구 리 ③

개구리의 생김새는 두꺼비와 비슷한데 눈이 튀어나와 있고 꼬리
는 없다. 또한 개구리의 뒷발에는 오리의 발처럼 물갈퀴를 가지고
있다. 뒷발에 있는 물갈퀴는 개구리가 펄쩍 뛰어오르는 데 도움을
준다. 그리고 물 속에서 헤엄을 잘 칠 수 있게 해 주며 매끄럽고 촉촉
하다.

개구리의 크기도 어른 손톱 길이만큼 작은 것에서부터 30cm자로
재도 조금 모자랄 만큼 큰 것까지 매우 다양(多樣)하다. 그리고 대
부분 수컷 개구리들은 암컷 개구리보다 크기가 약간 작다.

개구리는 여러 가지 특성을 가지고 있다. 우리가 가장 많이 알고
있는 것으로는 하늘 높이 펄쩍 뛰어올라 멀리 옮겨 갈 수 있다는 것
이다. 그러나 ㉠그 외에도 개구리는 몇 가지 특성을 더 가지고 있다.

개구리의 우는 법은 매우 독특하다. 목을 잔뜩 부풀려서 울음주머
니를 울리는 방법(方法)으로 울음소리를 낸다. 개구리의 울음소리
는 개구리의 종류에 따라 조금씩 다르게 나타난다. 그리고 개구리들
중에서 울음소리를 내는 것은 수컷들인데 암컷을 부를 때 운다.

1. 이 글에서 개구리가 두꺼비와 생김새가 비슷하다고 말하는 근거는 어디에 있나요?

　♧ _____

2. 다음 설명은 개구리의 신체 중 어디에 대한 설명인가요?

> ㉮ 매끄럽고 촉촉하다.
> ㉯ 헤엄을 잘 치도록 해 준다.
> ㉰ 펄쩍 뛰어오르게 도와 준다.

　♧ _____

3. 개구리의 암, 수 구분을 할 수 있는 특징이 될 수 있는 것을 모두 찾아 쓰세요.

　♧ _____

4. 개구리는 언제, 어떤 방법으로 우나요?

　1) 언제 : _____

　2) 어떤 방법으로 : _____

5. ㉠를 다른 말로 바꿔 쓸 때 가장 적당한 것은 무엇인가요?

　① 개구리의 종류 외에도　　　② 널리 알려진 특성 외에도

　③ 가장 복잡한 특성에는　　　④ 개구리를 이해하는 데에는

◆ 다음 설명문을 읽고 물음에 답해 보세요.

개 구 리 ④

개구리는 몸 바깥 부분에 독을 가지고 있다. 하지만 독이 너무 약하고 양도 조금이어서 뱀이나 새와 같이 자신을 잡아먹는 천적들로부터 보호(保護)를 하지 못한다.

대신 개구리들은 보호색을 이용해서 자신의 몸을 보호할 수 있다. 주위 환경과 비슷한 색깔로 자신의 몸 빛깔을 바꾸어서 천적의 눈을 속이거나, 번들거리는 배를 이용(利用)해서 천적의 눈을 혼란스럽게 하여 몸을 보호한다. ㉠개구리 몸의 온도는 사람처럼 항상 일정하지 않아서 주위의 온도가 변하면 주위 온도와 비슷하게 변한다. 그렇기 때문에 온도(溫度)가 낮아져 추워지는 겨울에는 활동을 할 수 없게 되어 겨울잠을 자는 것이다.

개구리들은 주로 곤충이나 작은 벌레 등을 잡아먹는다. 나방, 거미, 달팽이, 배추벌레, 귀뚜라미, 파리, 메뚜기 등이 개구리의 먹이가 된다. 그런데 특이한 것은 움직이지 않는 것은 절대 먹지 않는다. 하지만 반드시 살아 있는 것만 먹는 것은 아니다. 죽은 것도 실에 묶어 흔들며 움직임을 주면 혀를 뻗어 순식간에 잡아먹는다. 대부분의 개구리들이 이렇듯 곤충을 잡아먹지만 황소개구리와 같이 몸집이 크고 강한 몇몇 개구리들은 다른 개구리나 쥐, 작은 새, 심지어 뱀까지 잡아먹기도 한다.

1. 뱀이나 새는 개구리와 어떤 관계인지 글 **4**에서 알맞은 낱말을 찾아 쓰세요.

   ♣ _____

2. 개구리가 자신을 보호하는 방법은 다음 중 무엇인가요?

   ① 독을 내뿜어 자신을 보호한다.
   ② 몸을 부풀려 자신을 보호한다.
   ③ 보호색을 이용해 자신을 보호한다.
   ④ 큰 울음소리로 자신을 보호한다.

3. ㉠은 어떤 의미인가요?

   ① 사람 몸의 온도는 항상 일정하지 않다.
   ② 사람 몸의 온도는 자주 변한다.
   ③ 개구리 몸의 온도는 항상 일정하다.
   ④ 개구리 몸의 온도는 일정하지 않다.

4. 글 **4**에서 알 수 <u>없는</u> 내용은 무엇인가요?

   ① 개구리가 몸을 보호하는 방법   ② 개구리의 천적
   ③ 개구리가 겨울잠을 자는 이유   ④ 개구리의 독이 적은 이유

5. 개구리와 같은 방법으로 자신의 몸을 보호하는 동물을 조사해 보세요.

   ♣ _____

◆ 다음 설명문을 읽고 물음에 답해 보세요.

개 구 리 ⑤

개구리는 한 번에 수백 개에서 수천 개의 알을 낳는다. 이렇게 낳은 알들은 물 위에 둥둥 떠 있거나 물풀줄기에 붙어 있다. 그리고 4일에서 일주일 정도 지나면 올챙로 부화(孵化)하게 되는데 올챙이는 부화 후 55일(약 2개월)이 지나면 개구리로 변하게 된다. 올챙이는 처음에는 머리와 꼬리만 있지만 시간이 지나면서 다리가 생겨나고 꼬리가 없어져서 개구리가 된다.

개구리는 시골의 논에서 흔히 볼 수 있었다. 그리고 농사철이 시작될 때쯤이면 논에 올챙이들이 ㉠가득했었다. 개구리는 해충(害蟲)을 잡아먹는 소중한 동물 중의 하나이다. 벼가 잘 크는 걸 방해하는 해충들을 잡아먹어 농사가 잘 되게 해 주었었다. 그러나 오늘날에는 농약을 많이 사용하고, 여기저기 땅을 파헤치는 등의 개발 때문에 개구리의 수가 점점 줄어들고 있다. 그리고 우리 나라 토종 청개구리 등은 점점 사라지고 거대한 황소개구리가 늘어나 생태계를 위험(危險)하게 하고 있다. 우리가 개구리들이 살 공간을 자꾸만 빼앗는다면 어쩌면 몇십 년 뒤에는 ㉡개구리를 책에서만 볼 수 있게 될지도 모르는 것이다.

해충

모기

♧ 해충(害蟲) : 해로운 곤충

1. 글 **5**를 읽고 개구리와 고래의 차이점을 써 보세요.

   ♣ _____

2. ㉠을 통해 알 수 있는 사실은 무엇인가요?

   ① 과거의 회상   ② 미래의 예측

   ③ 현재의 설명   ④ 사실과 거리가 먼 거짓말

3. 개구리의 수가 점점 줄어드는 원인으로 제시한 것이 <u>아닌</u> 것을 모두 고르세요.

   ① 여기저기 땅을 파헤쳐서

   ② 논의 물을 전부 바닷물로 바꾸어서

   ③ 농약을 너무 많이 사용해서

   ④ 농부들이 새를 풀어 놓아서

4. 글쓴이의 우려가 담긴 문장을 찾아 밑줄을 그어 보세요.

5. ㉡은 어떤 의미인가요?

   ① 개구리에 관한 책이 많이 출간될 것이다.

   ② 개구리의 표본이 책에 포함될 것이다.

   ③ 개구리가 멸종될지도 모른다.

   ④ 개구리가 더 많아질지도 모른다.

6. 이 글에 들어 있지 <u>않은</u> 내용은 무엇인가요?

   ① 개구리의 생김새   ② 개구리의 특성

   ③ 개구리의 쓰임새   ④ 개구리의 먹이

7. 이 글은 어떤 종류의 글인가요?

   ① 개구리에 대한 느낌을 쓴 글

   ② 개구리를 관찰한 내용을 쓴 글

   ③ 개구리에 대하여 토론한 내용을 쓴 글

   ④ 개구리에 대하여 설명한 글

8. 기준을 정해서 다음 **보기** 의 동물들을 분류해 보세요.

보기	토끼, 거북, 두더지, 상어, 두꺼비, 악어, 너구리, 개구리, 문어

기 준	1)	3)
분 류	2)	4)

[**심화학습**] 개구리와 같이 양서류에 속하는 동물은 그 외에도 어떤 것들이 있는지 조사해 보세요.

  ♣ _____

     _____

♣ 논술 연습 - 제목 붙이기

◆ 다음 글을 읽고 알맞은 제목을 붙여 보세요.

　　사람은 홀로 이 세상을 살아가는 것이 아니다. 협동에 의해 비로소 삶을 이루어 나가게 된다. 이러한 협동은 오직 언어에 의해서만 가능하다. 그러기에 우리는 효과적인 언어 생활에 관심을 갖게 되고, 바른 말, 좋은 말에 대해 신경도 쓰게 된다.

　　'바른 말'은 한 마디로 어법에 맞는 표현을 말한다. 이것은 표준어를 올바로 발음하며, 어법에 맞게 표현하여, 적절한 의미를 드러내는 것을 가리킨다.

　　'좋은 말'은 순화된 말, 효과적인 말을 이른다. 바꾸어 말하면, 아름답고, 곱고, 점잖고, 품위 있고, 우아한 말을 뜻한다.

　　말은 말하는 사람과 듣는 사람, 그리고 전달하려는 내용에 따라 달라진다. 따라서, 바람직한 언어 생활을 하며 원만한 삶을 누리려면, 말하는 사람, 듣는 사람, 전달하려는 내용에 따라 바르고 좋은 말을 그에 어울리도록 구사해야 한다.

제목 : _____

♣ 논술 기초 - 주제 찾고 주제문 쓰기

1. 다음 글에서 ㉮, ㉯에 공통으로 들어갈 알맞은 말을 2음절의 단어로 써 넣으세요.

> 한 편의 글에는 글쓴이가 나타내고자 하는 중심 생각이 들어 있다. 이 중심 생각을 (㉮)라 한다. 또, 글에는 (㉯)를 나타내기 위하여 사용한 여러 가지 자료들도 있다. 이런 자료들을 '소재'라 하고, 소재 중에서 가장 중심이 되는 것을 '중심 소재'라 한다.

♣ ＿＿＿＿＿＿＿＿＿＿＿＿

2. 다음 글의 내용을 바탕으로 하여 글을 쓰려고 할 때, 적절한 주제를 쓰세요.

> 대한 출판 문화 협회는 지난 해 10월 1일부터 한 달 간에 걸쳐 전국 50개 학교를 대상으로 우리 나라 중학생의 독서 실태를 조사했다. 이 조사 결과에 따르면, 중학교 1학년의 경우에 1주일 평균 독서 시간은 3시간이었으며, 많이 읽는 책은 만화, 위인전, 월간지, 소설, 수필의 순으로 나타났다.

♣ ＿＿＿＿＿＿＿＿＿＿＿＿＿＿＿＿＿＿＿＿＿＿＿＿＿＿

3. 다음 글을 읽고, 주제를 15자 내외로 쓰세요.

> 달 아래 호박꽃이 화안한 저녁이면, 군색스럽지 않아서 좋은 넓은 마당에는 모깃불이 타오르고, 그 옆에는 멍석이 깔린다. 그리고 여기선 여름살이 다림질이 벌어져 한창이다. 이렇게 멍석에 앉고 보면, 시누이와 올케도 그렇게 정다울 수가 없고, 나이가 지긋한 어머니가 그렇게 진지할 수가 없는 것이다. 이런 저녁, 함지박에는 갓 쪄서 김이 모락모락 나는 노오란 옥수수가 먹음직스럽게 담겨 나오는 법이다.

♣ _____

4. 다음 글을 읽고 주제를 한 문장으로 요약해서 써 보세요.

> 세상(世上)의 모든 것이 다 변하듯이 언어도 변한다. 'ㄱ롬'이 '강'으로 변한 것처럼 소리가 변하기도 하고, '어리다'에서 뜻이 '어리석다'에서 '나이가 적다'로 변한 것처럼 뜻이 변하기도 한다. 또, 소리나 뜻만이 아니라, 있던 말이 없어지기도 하고 새 말이 생기기도 한다. 지금은 '즈믄'이란 말이 쓰이지 않고, 조선 시대에는 '인공 위성'이란 말이 없었다. 그리고 더러는 문법도 변한다.

♣ _____

5. 다음 소재를 가지고 글을 쓸 때, 적당한 주제문을 1~2 문장으로 써 보세요.

· 소재 : 만화

· 주제문 : 예) 청소년의 정서를 해치는 불량 만화를 추방하자.

_____

_____

6. '소풍'에 대하여 글을 쓸 때, 적당한 주제문을 한 문장으로 써 보세요.

· 주제문 : _____

_____

7. 다음 글을 읽고, 글의 중심 소재를 아래 [조건]에 맞게 써 보세요.

[조건] : (1) '관형어 + 명사'의 형태로 쓰세요.

(2) 2어절로 쓰세요.

> 나는 어머니의 손을 물끄러미 바라보았다. 이제 연세가 여
> 든을 넘으면서 고목(古木) 껍질처럼 마르고 거칠어진 어머니
> 의 손이지만, 그 속에는 우리 의사들이 가지지 못한 신비한
> 어떤 힘이 하나 숨어 있는 것만 같았다.

♣ _____

♣ 논술 연습 - 중심 생각을 정하여 글쓰기

1. 다음 대화를 읽고, 자신의 입장이 드러날 수 있는 글을 200자 이내로 써 보세요. (자신의 입장에 대한 근거를 구체적으로 제시할 것)

> 철호 : 가난한 사람은 주위 사람들이 도와 주어야 해.
>
> 선숙 : 아니야, 가난한 사람을 도와 주면 더욱 의타심이 생겨 게을러지기만 해. 그러니까 도와 줄 필요가 없어.
>
> 신옥 : 그렇지만 가난에 쪼들리는 사람을 보고도 못 본 체한다는 건 사람의 도리가 아니잖아?
>
> 현배 : 그렇다고 도와 주기만 하면, 그 사람은 끝내 자기 힘으로 살아갈 생각을 하지 않을 것 아니야?

1) 첫 번째 입장 : 가난한 사람을 도와 주어야 한다.

2) 두 번째 입장 : 가난한 사람을 도와 주어서는 안 된다.

· 위 두 입장 중 하나를 선택하여 적절한 근거를 들어 써 보세요.

♣ 주제 : _____

_____

_____

_____

_____

_____

♣ 논술 연습 - 이야기 이어쓰기

◆ 다음 글을 읽고 이어질 내용을 꾸며 써 보세요.

제목 : 도깨비 감투

옛날, 장안에 가난한 갓장이가 살고 있었다. 당시에 갓장이라는 직업은 천하게 여겨졌을 뿐만 아니라 돈벌이도 시원치 않았다.

"이놈의 것을 그만 둬 버릴까?"

갓을 만들다가 그는 하루에도 수십 번씩 탄식을 하였다.

그러던 어느 날, 일이 잘 안 되자 그는 화가 나서 만들던 감투를 홱 집어 던졌다. 그 때,

"히히히……."

하는 웃음소리가 들렸다. 웃음소리가 나는 곳을 쳐다보던 갓장이는 깜짝 놀랐다. 도깨비가 감투를 받아들고 웃고 있었던 것이다.

"도깨비, 아니, 도 선생이 웬일이십니까?"

"네 소원을 들어 주려고 왔지."

도깨비는 계속 장난스럽게 웃으며 말했다.

"그럼 이 일을 하지 않고 살 수 있는 방법을 알려 주세요. 갓장이 십 년에 남은 것은 한숨밖에 없습니다."

"후후후, 그럴 거야. 양반들은 갓을 제일 소중히 여기면서도 갓장이는 아주 우습게 여기거든."

도깨비는 손에 든 감투를 요리조리 만지작거리다가 갓장이에게 씌워 주며 말하였다.

"이것을 쓰고 다니면 밥은 걱정 없이 먹을 수 있을 거야."

도깨비는 눈 깜짝할 사이에 어디론지 사라져 버렸다.

이 때, 부인이 들어서며 중얼거렸다.

"분명히 영감 목소리가 들렸는데……, 이 영감이 갓 만들다 말고 어디를 갔담."

"나 여기 있어! 이 마누라가 갑자기 눈이 멀었나?"

갓장이가 감투를 벗자, 그제서야 부인이 갓장이를 알아보았다. 이상하게 여긴 갓장이가 감투를 부인에게 씌워 보았다. 그러자 부인이 보이지 않았다.

"아, 그 감투를 도깨비가 만지더니 ……. 됐소! 이 도깨비 감투만 있으면 이제 우리는 잘 살 수 있을 거요."

갓장이는 뜻밖에 얻은 도깨비 감투를 잘 간직해 두었다.

♣ 논술 연습 - 주장하는 글쓰기

◆ 아래 나와 있는 일반 개요를 바탕으로 서론, 본론, 결론에 들어갈 내용에 대한 구체적인 개요를 작성한 후 논설문으로 엮어 써 보세요.

일반 개요	· 글 감 : 텔레비전
	· 문 제 점 : 텔레비전을 지나치게 좋아하는 어린이가 많다.
	· 의견(주장) : 어린이 프로그램만 보자.
	· 이 유 : (1) 어린이를 위한 TV프로그램은 유익하다.
	     (2) TV에 많은 시간을 빼앗기면 공부 시간이 줄어든다.
	     (3) TV는 시력에 나쁜 영향을 준다.

1. 구체화된 개요 작성

1) 서론 - _____

_____

_____

2) 본론 - _____

_____

_____

3) 결론 - _____

_____

_____

2. 위 개요를 바탕으로 나의 주장이 담긴 논설문을 써 보세요.

주제 : _____

_____

_____

_____

_____

_____

_____

_____

_____

_____

_____

_____

_____

_____

_____

_____

_____

_____

_____

♣ 한자 성어를 배워요. - 十年知己(십년지기)

◆ 다음 한자 성어를 소리내어 읽어 보고 빈 칸에 써 보세요.

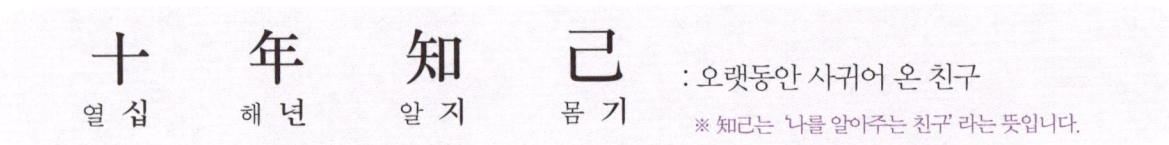

十	年	知	己
열 십	해 년	알 지	몸 기

: 오랫동안 사귀어 온 친구

※ 知己는 '나를 알아주는 친구' 라는 뜻입니다.

자, 어서 들게,

예, 과장님.

그나저나 이 친구가 올 때가 됐는데…,

누가 오기로 되어 있습니까?

응, 대학 후배가 온다고 했어.

오, 마침 오는군.

선배님!

어서 오게,

아니, 자네는…,

아니? 이게 누구야?

자네를 여기서 만나게 될줄이야,

과장님의 후배가 바로 자네였나?

뭐야? 둘이 아는 사이였나?

하하, 물론이죠, 저희는 '십년지기' 입니다.

※ **쓰임** : 너는 나의 [　][　][　][　] 야. 우리의 우정 변치 말자.

개인별 · 능력별 학습 프로그램

기탄국어 정답 및 풀이

J-3　161~240

기초 탄탄한 교육 · 기초 탄탄한 학습
기탄교육
www.gitan.co.kr / (02)586-1007(대)

기탄국어 정답

161 b 1. ①   2. ①   3. ④   4. 혼자서 버스 타기
5. ②

162 a 6. ①   7. '겁나지 않는다. 이제는', '무섭지 않
다. 이제는'   [심화학습] 예 앞부분에는 버스 타
기를 무서워해 버스를 잘 못 타서 곤란을 겪었던
일. 밤길을 혼자 못 가서 꼭 누군가와 함께 해서 친
구나 가족에게 놀림 받았던 일. 사나운 개가 짖는
바람에 낭패를 보았거나, 개 근처를 못 지나가 학교
나 가야 할 곳을 가지 못 했던 일 등을 적고, 앞으
로는 용기를 가지고 자신 있게 모든 것을 할 수 있
는 '나'를 내용으로 구성함.

163 a 1. ④   2. ②   3. 마법의 느낌(신비로움)   4. ③
5. 베스트셀러

164 a 1. 볼드모트   2. ③   3. 볼드모트를 사라지게
한   4. 착하고 정의롭고 겸손한 모습   5. 사람
들로부터 받는 영웅 대접

165 a 1. ③   2. 마법지팡이가 벌이는 일   3. ③   4. ①

166 a 1. ④   2. ④   3. ④

167 a 1. 학교에서 돌아오자마자 책상에 앉아 책을 펼침
2. ①   [심화학습] 글쓴이의 즐거운 상상 : 우리
주변 어딘가에도 진짜 마법사들이 존재하지 않을까
하는 상상

168 a 1. 자연과 인간이 공존하는 삶에 주거의 중심을 두
었기 때문이다.   2. 윤기와 방수   3. ④   4.
①   5. ③

169 a 1. ②   2. 여자와 남자의 생활 공간이나 역할을
구분짓는 것   3. ③   4. 머슴(대문간 행랑채
(하공간)) < 청지기(중간문 행랑채(중공간)) < 양
반(안채·사랑채(상공간))   5. ①, ②, ③

170 a 1. 솟을대문   2. ③   3. 구차한 중에도 편안한
마음으로 도(道)를 즐김   4. ③   5. ②

171 a 1. 상류층의 의식과 권위를 표현하는 상징적 공간
2. ③   3. 전면 또는 사방이 트여 있어서

172 a 1. ②   2. ④   3. ④   4. ②   5. ③

173 a 1. 온돌   2. 여름에는 무덥고, 겨울에는 춥기 때
문에   3. ②   4. ④   5. ①

174 a 1. ②, ③, ④   2. 다락 - 살림살이에 필요한 잡다한
물건들을 보관하는 곳   3. 1) 전통 주택   2) 서민
주택   3) 기와집   [심화학습] 예 공통점 : 독립
적인(닫힌) 방 공간, 통풍, 채광, 습도를 고려한 재
료 사용 / 차이점 : 마루, 온돌, 욕실 공간의 차이
등의 내용이 들어가도록 설명할 것

175 a 1. 1) 1872년 7월 16일   2) 노르웨이의 보르게
2. 탐험가   3. ②   4. 의학 공부를 하고 싶은
마음   5. ②

176 a 1. ④   2. 아메리카 인디언의 캠프   3. 나도 대
자연의 시련과 고난을 극복해 보겠다.   4. ④, ⑤
5. 탐험가 아문센

177 a 1. ③   2. ①   3. 탐험가로서의 행로

178 a 1. ③   2. ②
b 3. 난센에 이어 미국의 R·E 피어리가 먼저 북극점을 정
복했으므로   4. 탐험가   5. 1) 등장 인물들의 패기와
용기로 엮어낸 성공이란 점   2) ① (가)는 실존 인물들
의 이야기이고, '허생전'은 허구 속 인물의 이야기인 점
② (가)는 탐험에 관련된 이야기이고, '허생전'은 '장사'
에 관한 이야기로 서로 다른 소재를 사용한 점.   [심화
학습] 예 저의 꿈은 피아니스트입니다. 세계에서 제일 유
명한 피아니스트가 되기 위해서 날마다 연습을 하고 있습
니다. 열심히 연습해서 훌륭한 피아니스트가 되겠습니다.

179 a 1. 예 1)엄마, 아빠, 큰언니, 작은언니, 나, 여동생   2) 엄
마는 음식 만들기, 아빠는 등산하기, 큰언니는 책읽기,
작은언니는 운동하기, 나는 피아노 치기, 여동생은 그림
그리기   3) 엄마는 외향적이고 잘 챙겨 주심, 아빠는
무뚝뚝하시지만 자상하심, 큰언니는 차분하고, 작은언니
는 활달함, 나는 원만하고, 여동생은 붙임성이 좋은 성
격임.   4) 엄마는 가정일을 돌보시고 아빠는 선박 회사
에서 일 하시고, 큰언니는 컴퓨터일을 하고, 작은언니는
병원에서 환자를 돌보는 일을 하고, 나와 여동생은 학교
에서 공부를 열심히 함.   2. 예 지금부터 나의 가족을
소개하겠습니다. 우리 가족 구성원은 엄마, 아빠, 큰언니,
작은언니, 나, 여동생 이렇게 4명입니다. 우리 가족은 모
두 다른 취미를 가지고 있습니다. 외향적이시고 언제나
우리를 챙겨 주시는 엄마의 취미는 음식 만들기이고, 무
뚝뚝하시지만 자상하신 아빠의 취미는 등산하기입니다.
차분한 큰언니는 책읽기이고, 활발한 성격인 작은언니는
운동하기가 취미입니다. 원만한 성격인 저는 피아노 치
기입니다. 귀여운 막내 여동생의 취미는 그림 그리기입
니다. 이렇게 성격도 제각각이고 취미도 제각각인 우리
가족은 하는 일도 다릅니다. 엄마는 여러 가지 가정일을
돌보시고, 아빠는 선박 회사에서 열심히 일 하십니다.
큰언니는 컴퓨터를 다루는 일을 하고, 작은언니는 병원
에서 환자를 돌보는 일을 합니다. 나와 여동생은 학교에
서 열심히 공부를 합니다.
b 1. ②   2. ④   3. ④   4. ④

180 a 1. ②   2. ①, ②, ④   3. 공통점(비교) - 공부를
가르쳐 주시는 선생님과 학생들이 모여 열심히 공부
하는 곳. / 차이점(대조) - 초등 학교는 6년제이고
중학교는 3년제이다. 초등 학교를 졸업해야만 중학
교에 입학할 수 있다. 초등 학교는 여러 과목을 담임
선생님께서 모두 가르쳐 주시지만 중학교는 과목별
담당 선생님이 따로 계신다 등의 내용을 정리할 것
b 高臺廣室(고대광실)

181
b 1. ②   2. ③   3. ①   4. ④   5. ③

182
a 6. 1) 1연 2) 4연   7. 예 새로운 꽃씨로 태어나기 전에 하나의 꽃씨였던 것이 예쁜 꽃을 피우고 나서 여러 개의 꽃씨를 만들어 주는 것을 보고, 이미 약속된 일인 것처럼 생각하게 됨. 8. 오후의 뜨거운 햇볕 아래 꽃밭에서 꽃씨를 받고 있는 누나의 모습을 보니 해씨도 받고 해의 뜨거운 말도 받는 것처럼 보여서
[심화학습] 예 뭉게구름
폴짝 뛰어올라
만져 보고 싶은 뭉게구름은
하얗고 포근한 아가의 이불

뭉게구름 속에는
아가의 미소와 엄마의 희망이
담겨 있구나.

183
a 1. ①   2. ②   3. ④   4. 주위의 많은 가족들을 보면 구성원들 간의 유대감이 많이 약해져 있는 것을 알 수 있으므로   5. 가정은 사회를 이루는 가장 작은 집단이기 때문에

184
a 1. ②   2. ②   3. 핵가족 중심의, 산업 사회이다.   4. ④   5. 건강한 가정을 만들기 위한 글쓴이의 주장이 여러 가지 근거를 통하여 진술되는 방식

185
a 1. ①, ②, ④   2. 세대차   3. ①   4. ①   5. 예 신문, 잡지, 영화, TV, 컴퓨터, 라디오 등의 매스 미디어(mass media)의 발달로 인한 대화 시간의 단축

186
a 1. 어린 시절부터 ᅮ성원들끼리 서로 돕고 협력하는 바른 가정의 분위기에서 성장하는 것   2. ①
3. ③   4. 충분한 대화가 필요하다.   5. ②
6. ①

187
a 1. ④   2. 아름다운 미음을 표현하는 행동의 시작
3. ④   4. 예 2) 작은 모래 알갱이가 모여 사막을 이룬다.   3) 10원짜리, 50원짜리, 100원짜리 동전이 모여 백만 원이 되고 천만 원이 된다.
b 5. 예 1) 가는 말이 고와야 오는 말이 곱다. 찬 물도 위, 아래가 있다.   2) 〈시경〉: '사람이면서 예가 없다니 어쩌하여 빨리 죽지 않는가'(人而無禮 不箱死)   3) 삼강 : 군위신강(君爲臣綱), 부위자강(父爲子綱), 부위부강(夫爲婦綱).   오륜 : 군신유의(君臣有義), 부자유친(父子有親), 부부유별(夫婦有別), 장유유서(長幼有序), 붕우유신(朋友有信).
6. 가족 구성원이 대가족이냐 핵가족이냐의 차이
[심화학습] 예 ① 즐겨 듣는 음악이나 좋아하는 가수가 다르다.   ② 자녀 세대의 유행 패션이나 유행어 등을 이해하기 힘들다.   3) 은어나 속어의 사용이 늘면서 언어에 대한 차이가 생겨난다. 등

188
a 예

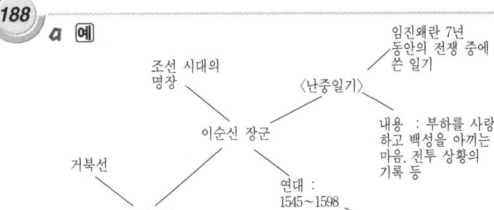

이순신 장군은 1545년에 서울에서 태어나 많은 업적을 남기고 1598년에 세상을 떠났다. 조선 시대의 명장이었으며 본관은 덕수(德水), 시호는 충무(忠武)이다. 이순신 장군의 많은 업적들 중에서 가장 대표적인 것으로는 거북선을 들 수 있을 것이다. 거북선은 임진왜란 때 왜군을 물리치기 위해서 거북이 모양으로 만든 배이다. 이순신 장군은 거북선을 사용하여 적선 13척을 분쇄한 것을 비록하여 당포에서 20척, 당항포에서 100여 척을 각각 격파하였다고 한다. 또 하나의 대표적인 것으로 〈난중일기〉를 들 수 있는데, 이 책은 이순신이 임진왜란 7년 동안의 전쟁 중에 쓴 일기이다. 내용을 살펴보면 임진왜란이 일어나던 해(1592)로부터 끝나던 해(1598)까지의 일을 간결, 명료하게 기록하고 있다. 부하를 사랑하고 백성을 아끼는 마음, 전투 상황의 기록 등을 자세히 기록하였다.

189
a 1. 아들의 전사 소식   2. 간과 쓸개   3. ⓒ : 글쓴이(이순신 장군) / ⓔ :아들 면   4. ①   5. ④   [심화학습] 이 글은 조선 시대 임진왜란 7년 동안의 전쟁 중에 쓴 일기입니다. 임진왜란은 1592년에 일어나 1598년에 끝난 전쟁입니다. 오랜 전쟁 중에 많은 장수들이 죽었습니다.

190
a 1. ③   3. 명신   3. ①   4. 도학주의적 실천 사상   5. 1) 학식, 재능, 기예 등이 남보다 뛰어나다.   2) 스승의 집에 드나들며 가르침을 받은 제자

191
a 1. ②   2. ②   3. 영수   4. 시대가 성리학을 꺼리는 상황이었으므로

192
a 1. ③   2. ②   3. ②   4. ①, ②   5. ②

193
a 1. 성리학   2. ③   3. ②   4. ④

194
a 1. 궁중과 일반의 정신 문화를 위협하였으므로   2. 향약

195
a 1. 신진 사류   2. 기묘사화   3. ②   4. ④
5. 그리고 → 그래서

196
a 1. 학문을 하는 태도와 현실에 당당히 맞서는 용기, 곧은 마음 등   2. ④   3. ②   [심화학습1] 예 우유부단한 왕이었다.
b [심화학습2] 정암 조광조는 조선조의 큰 학자요, 정치가로 1482년 조원강의 둘째 아들로 태어났다. 17세 때 지방 관리로 나간 아버지를 따라 희천에 갔다가 유배 중이던 김굉필을 만나 도학주의적 실천 사상을 공부하게 된다. 이 때부터 정암의 총명함은 스승을 놀라게 했다. 정암은 젊은 나이에 사림파의 영수로 자리잡게 되나, 갑자사화로 인해 유배를 가게 된다.

기탄국어 정답

교재등급 J **J 단계 교재** **교재번호** *196~210*

J-3

그리고 유배지에서 절차탁마한 끝에 29세 때 진사가 되고, 성균관에 입학해 그의 학식과 총명함을 드러내게 된다. 그 해 안당과 유생의 천거로 관직에 임용되고, 이후 뛰어난 학문과 인격으로 중종의 두터운 신임을 받게 된다. 그리고 이후 4년 간 급진적인 개혁 정치를 펼친다. 조광조는 중종에게 성리학을 정치와 민간 교화의 근본으로 삼아야 한다는 것을 강조하며 철저한 도학 사상에 입각한 왕도 정치 실현을 역설했다. 중종 또한 조광조를 신임했으나, 이후 조광조가 펼친 급진적 개혁으로 자신들의 지위에 위협을 느낀 훈구 세력들의 모함에 중종도 결국 정암을 유배지로 보내 사사하게 된다. 이렇게 해서 38세의 일기로 백년에 하나 얻기 힘든 큰 선비가 사라졌다. 〈곧은 선비 조광조〉를 통해 목숨을 걸고 이상을 현실 정치에 실행하려 한 조광조의 노력에 깊은 감동을 받았다.

197
a 1. ①　　2. ①, ③　　3. ⑤
b 4. ④　　5. 묘사　　6. ①, ②　　7. ②, ③

198
a 1. 공동 운명체로서의 절실한 연대감　2. ① 우리 가문을 더럽혔음　②빛나는 화랑의 체면을 훼손하였고　③ 거룩한 이 나라의 이름을 망친
b 1. 즐거움, 환희　　2. **예** 1) 사랑　　2) 재빠른　3) 아름답다　3. 벗다.

199
a 4. 1) 슬픔　2) 잡다　3) 적다　5. 어머니　6. 서점 / **예** 서점 아저씨는 언제나 친절하게 대해 주신다.　7. 여자 / **예** 여자는 약하지만 어머니는 강하다.
b 1. 준법 정신의 생활화
2. 서론 - 준법 정신이 부족한 우리 사회에 대한 문제 제기 / 본론(주제 뒷받침 문장) - ① 준법 의지를 갖자. ② 법 조항을 알기 쉽고, 이해하기 쉽게 만들자. ③ 헌법에 담긴 정신을 되새기자. ④ 준법 캠페인을 구체적으로 벌이고, 실천하자. 등 / 결론 - 본론의 내용 정리와 준법 정신의 생활화가 가져온 편리한 삶의 변화와 정의롭고 밝은 사회 이룩 등의 측면에서 이로운 점들을 제기하여 정리함.

200
a **예** 요즘 우리 사회는 '대충'이라는 말을 자주 사용하고 있다. 무슨 일을 하든지 '대충하지 뭐.', '이런 것쯤이야.' 라는 생각이 만연해지고 있는 것이다. 이런 생각들 속에서 사소한 법들이 무시당하곤 한다. 바로 준법 정신이 희미해지고 있는 것이다. 준법 정신이 부족한 사회에서는 오히려 법을 지키는 사람들이 부당한 대우를 받게 되기 마련이다. 준법 정신이 왜 필요한 지, 준법 정신을 되살리기 위해 해야 할 일들에는 어떤 것들이 있는 지 살펴보고자 한다. 먼저, 우리 모두가 준법 의지를 가져야 할 것이다. 그러기 위해서는 법을 왜 지켜야 하는지, 법의 중요성을 인식시켜야 한다. 예를 들어 '거리에서 소변을 보지 말자.' 라는 법을 정해 놓았는데, 많은 사람들이 거리에서 볼 일을 본다면 거리는 어떻게 되겠는가? 분명 우리 사회는 무질서해질 것이다. 준법 정신을 갖도록 하기 위해서는 법 조항을 알기 쉽고, 이해하기 쉽게 만들어야 할 것이다. 또한 헌법에 담긴 정신을 되새기고, 준법 캠페인을 구체적으로 벌이고 실천해야 할 것이다. 우리 사회가 더 정의롭고 밝은 사회가 되려면 우리 모두가 법을 잘 지키는 문화 시민이 되어야 할 것이다.
b 斷斷相約(단단상약)

201
a 1. 1) 겨울철에 북쪽에서 불어 오는 바람　2) 밝은 달　3) 만리 밖 변방에 있는 성　4) 하나의 길고 큰 칼　5) 바람
b 2. ③　　3. ④　　4. ③　　[심화학습]
예 같은 느낌의 다른 시조 :
한산섬 달 밝은 밤에
수루에 홀로 앉아
큰 칼 옆에 차고
깊은 시름 하는 차에
어디서 일성호가는 남의 애를 끊나니
(이 시조는 이순신 장군이 임진왜란 중에 지은 노래로 나라의 위기를 한 몸으로 지탱하려던 한 장수의 충성심과 인간적인 면을 느낄 수 있는 시조입니다.)

202
a 1. **예** 1) 가축이다.　2) 식용으로 사용된다.　3) 몸에 털이 있다.　4) 사료를 먹는다.　2. **예** 1) 닭은 날개가 있지만 소는 없다.　2) 닭은 다리가 2개이고, 소는 4개이다.　3) 닭은 알을 낳고, 소는 새끼를 낳는다.　4) 닭은 곤충을 먹고, 소는 여물을 먹는다.　3. **예** 크기의 차이, 울음소리의 차이, 용도의 차이 등을 자유롭게 기술할 것

203
a 1. ①　　2. ④　　3. ④　　4. ①　　5. 누더기 옷을 입고 ~ 공놀이를 하고 있다.

204
a 1. ②　　2. ③　　3. 불협음　　4. 나비니아와 제시의 부모님이 학교에 온다고 하여　　5. ②

205
a 1. ②　　2. ②　　3. ①　　4. 1) 유의어　2) 동의어　3) 동의어　4) 동의어　5. 1) 부친, 아비, 아버님, 춘부장 등　2) 식사, 진지 등

206
a 1. ②　　2. 베티의 모습이 초라해 크루 대위의 눈에 민턴 선생님이 학생들을 차별 대우하는 걸로 보일까 봐서　　3. 인도에서 ~ 합니다.　　4. 모양, 겉모습　　5. 세라의 아버지가 부자여서

207
a 1. 멜레디스 부인　　2. ①　　3. ④　　4. ③　　5. ④

208
a 1. ②　　2. ①, ③　　3. **예** 베키는 항상 초라한 누더기 옷을 걸치고는 다른 기숙 학생들의 잔심부름을 하거나 학교 곳곳을 청소하는 일을 한다.　4. **예** 1) 환희, 미소, 활짝, 희망, 사랑 등　2) 눈물, 침울, 어두움, 사고, 이별 등　5. 손으로 상대방(관객)을 가리킴, 하트 모양을 만듦

209
a 1. ③　　2. **예** 안녕하세요? 저는 인도에서 살다 온 '세라'라고 합니다. 앞으로 잘 부탁드립니다.　3. ③　　4. 1) 얼굴　2) 낯　3) 안면 / 낯

210
a 1. 세라가 음악에 맞추어 춤추는 모습　　2. ②　3. 나비니아와 제시를 최고로 우대함 → 나비니아와 제시보다 세라를 더욱 우대함 / 나비니아와 제시보다 더 부자인 세라가 입학을 해서　4. ②　5. 1) ○　2) ○　4) ○

기탄국어 정답 | 교재등급 **J** 단계 교재 | 교재번호 *211~228*

J-3

211
a 1. ①, ②　 2. 세라를 혼내줘서 집으로 돌아가게 만들려는 생각　 3. 예 민턴 선생님께 최고 대우를 받으며 학생 대표로 우쭐한 생활을 했을 것이다.　 4. 1) 야윈　 2) 성장　 3) 겨우　 4) 단무지　 5. 1) 영훈이는 공을 잘 찬다.　 2) 영훈이는 축구를 잘 한다.

212
a 1. ③　 2. ③　 3. 학생들　 4. ④　 5. ②

213
a 1. 세라 아버지인 크루 대위의 사망 소식　 2. 세라에게 그 동안 투자했던 금액에 대해 세라의 노동으로 보상받으려고

214
a 1. 예 베키의 생활과 같이 학교 청소와 아이들의 잔심부름을 하게 될 것이다.　 2. ②　 3. 부자이던 세라의 가정 형편이 아버지의 죽음으로 몰락했다고 생각했기 때문에　 4. ④　 5. ③

215
a 1. ④

216
a 1. ③　 2. ③　 3. ①　 4. 끼니를 굶는 벌
5. 구박받고 천대받는 초라한 모습

217
a 1. 세라에게 아버지의 재산을 물려주고 세라를 데려가기 위해서　 2. ②　 3. ②
b 4. ①　 5. 장막극, 1막, 2막, 단막극　 [심화학습] 예 부자가 된 세라에게 민턴 선생님은 눈물을 흘리면서 그 동안의 잘못을 빈다. 착한 세라는 민턴 선생님을 용서하고 유산을 가난한 학생들을 위한 장학금으로 내놓는다. 이후, 민턴 학교는 특별 기숙사를 없애고 모든 학생들이 동등하고 즐겁게 공부할 수 있는 학교로 변한다.

218
a 예 1. 나는 다른 동물 친구들에 비해 목이 아주 깁니다. 그리고 나는 긴 목을 이용해서 높은 나뭇가지에 달린 잎사귀를 먹고 삽니다.　 2. 나는 내 가족과 함께 있을 때면 행복을 느낍니다. 나의 가족을 매우 사랑하기 때문입니다. 하지만 친한 친구가 사나운 동물에게 상처를 입으면 슬퍼집니다.　 3. 나는 평화로운 생활을 사랑합니다. 정글에는 싸움이 자주 일어납니다 모든 동물들이 싸우지 않고 서로 사랑하고 아껴 주며 살았으면 좋겠습니다.
b 예 포동이가 울기 시작하자, 아기돼지들 모두 어쩔 줄을 몰라 했습니다. "이걸 어쩌지? 포동이가 너무 발쌍해!" 아기돼지들은 저마다 한 마디씩 하며 포동이를 위로했습니다. 그 때였습니다. 마을에서 제일 학식이 높은 염소 할아버지께서 울고 있는 포동이에게 천천히 걸어오셨습니다. "아니, 우리 귀염둥이 포동이가 무슨 일로 울고 있는 게냐?" 그러자, 아기돼지들은 와글지글 염소 할아버지께 포동이가 씨앗을 삼켰다고 말했습니다. 염소 할아버지는 애기를 다 들으시고는 껄껄껄 웃으셨어요. "포동아, 그만 뚝 하거라, 네 머리에는 나무가 자라는 일 따윈 일어나지 않을 테니 말이다." 포동이는 염소 할아버지의 말을 듣고 나서야 울음을 그치고 아기돼지들과 함박웃음을 지었답니다.

219
a 예 1. 나는 시계입니다. 나는 사람들과 매우 친합니다. 손목 위에도, 안방과 거실에도, 거리나 회사에도 나는 꼭 필요한 존재로 사랑받는 물건입니다. 나는 동그랗기도 하고, 네모, 세모, 꽃 등 다양한 모양이 있습니다. 나의 꿈은 시계 밖으로 나가 높이 나는 새들처럼 하늘을 날아 보는 것입니다. 나의 큰바늘과 작은바늘을 날개삼아 훨훨 날아 보는 것입니다.　 2. 나는 달팽이입니다. 어제 거북이와 지렁이가 나를 찾아왔습니다. "달팽아, 우리 중에 누가 더 빠른지 시합을 해 보자. 어때?" 나는 오늘 경기에서 꼭 우승을 하고 싶습니다.
b 1. 1) 옛날부터 전해 내려오는 관습 가운데서 역사적 배경을 갖는 높은 규범적 의의　 2) 가지가 다복하게 많이 퍼진 어린 소나무　 3) 백로　 4) 갑자기 세차게 쏟아지다 그치는 비　 5) 은하수　 6) '부부'의 낮춤말　 2. 예 1) 김치, 휴지, 종이, 연필, 상자, 의자, 책상, 장롱, 사전, 그릇, 된장, 간장, 바지, 전화 등　 2) 냉장고, 오디오, 나뭇잎, 잠자리, 달팽이, 상록수, 유람선, 고추장, 화장품 등　 3) 개나리, 개구리, 소풍, 새싹, 봄비, 유채꽃, 입학, 진달래

220
a 1. 예 1) 우리 학교 교장 선생님은 푸근한 옆집 할아버지 같습니다.　 2) 내 친구는 순하고 귀여운 아기곰 같습니다.　 3) 나의 희망은 소아과 의사가 되는 것입니다.　 4) 우리 가족은 모두 연극을 즐겨 봅니다.　 2. 예 1) 선생님은 자상하시고, 상식도 매우 풍부하십니다.　 2) 내 친구는 부산에서 전학을 왔습니다.　 3) 나의 희망은 우주선을 만드는 것이다.　 4) 우리 가족은 4명이며 행복하게 살아갑니다.
b 言中有骨(언중유골)

221
a 1. 1) 거름더미　 2) 뛰어올라　 3) 매의 한 종류　 4) 피멍이 들
b 2. ④　 3. 송골매에게 놀란 두꺼비　 4. ③　 5. 예 재미있다, 유쾌하다, 코믹하다 등　 6. 허세가 심한 사람

222
a 1. 개교 기념일　 2. 세상이 축복받은 듯 해서인지

223
a 1. ④　 2. 학생은 선생님을 믿고 따르며, 선생님들은 학생들을 내 자녀처럼 사랑해야 한다.　 3. ④

224
a 1. ②　 2. ①, ③　 [심화학습] 생략

225
a 1. 산과 바다를 지키고, 꽃과 나무를 돌보는 일
2. 지혜와 용기　 3. 신, 인간, 자연

226
a 1. 흙과 물　 2. 신들의 모습을 닮은 예쁜 여자의 모습이다.

227
a 1. ①, ④　 2. ④　 3. ③　 4. 판도라　 5. ①

228
a 1. 예 판도라는 호기심을 이기지 못해 나무 상자를 열어 볼 것이다..　 2. 누구의 방해도 받지 않고 상자를 열어 볼 수 있는 장소였기 때문에　 [심화학습] 예 판도라의 상자 안에 숨겨 두고 싶은 것은 '사랑'입니다. 모든 사람들이 서로를 사랑한다면 이 세상은 미움과 싸움이 없어져서 더 아름다워질 것이기 때문입니다.
b 1. 관찰 기록문

※ 정답은 따로 보관하고 있다가 채점할 때 사용해 주세요.

229

a 2. ③   3. ①   4. **예** 1) 소, 말, 양, 돼지 등
2) 개미, 잠자리, 매미 등

b 1. 초파리   2. 초파리가 좋아하는 음식   3. ③

230

a 1. 개요 작성하기

b **예** 1. 맨드라미의 생태   2. 20○○년 3월 10일 ~ 20○○년 7월 20일   3. 1) 높이 90cm 정도   2) 열매는 달걀 모양이며 꽃받침으로 싸여 있다. 흔히 붉은 빛이 돌며 털이 없다.   3) 열대 지방, 원산지는 인도   4) 꽃은 지사제로 약용하거나 관상용으로 이용된다.   5) 열정   6) 쌍떡잎 식물, 비름과의 한해살이 풀, 7~8월에 꽃이 핀다.   4. 생략   5. 처음 맨드라미 씨앗을 보았을 때 이 조그마한 씨앗이 어떻게 예쁜 꽃으로 자랄까? 하고 의아한 생각이 들었다. 하지만 여름에 곱게 피어날 꽃잎들을 상상해 보며 씨를 심었다. 드디어 싹이 돋아 나고 하나 둘씩 잎이 생겨나더니 빨갛게 고운 맨드라미로 변하는 것이었다. 맨드라미는 한해살이 꽃이어서 내년에 이 꽃을 볼 수 없다는 것이 안타까웠다. 그래서 씨앗을 잘 받아 두었다가 봄이 되면 다시 심기로 마음먹었다. 이렇게 아름다운 꽃을 볼 수 있는데 씨앗을 심는 수고쯤이야 당연하다는 생각이 든다.

231

a 1. ③   2. ①

232

a 1. ③   2. 1) 몸이(피부가) 푸른색이어서   2) 몸집이 커서   3) 발가락이 날카로운 칼인 단도처럼 생겨서   4) 날아다녀서   3. ③, ④   4. 발가락 끝으로 무엇이든 끌어당길 수 있다.   5. **예** 1) 진딧물의 천적은 무당벌레이다. (진딧물과 무당벌레는 천적 관계이다.)   2) 환경 오염은 생태계 파괴의 주범이다.

233

a 1. 눈이 튀어나와 있으며 꼬리가 없는 점이 비슷함.
2. 뒷발에 있는 물갈퀴   3. 크기, 울음소리
4. 1) 수컷이 암컷을 부를 때 운다.   2) 목을 잔뜩 부풀려서 울음주머니를 울리는 방법으로   5. ②

234

a 1. 천적 관계   2. ③   3. ④   4. ④
5. **예** 카멜레온 등

235

a 1. 개구리는 알을 낳고 고래는 새끼를 낳는다.
2. ①   3. ②, ④   4. 우리 나라 토종 ~ 될지도 모르는 것이다.   5. ③

b 6. ③   7. ④   8. **예** 1) 육식 동물   2) 토끼, 두더지, 너구리   3) 수중 동물   4) 거북, 상어, 악어, 문어   [심화학습] **예** 양서류의 종류는 다양하다. 크게 3개의 목으로 분류되는데 유미목(도롱뇽, 영원, 사이렌), 무미목(개구리, 두꺼비), 무족영원목(무족영원)이 그것이다.

236

a **예** 효과적인 언어 생활

b 1. 주제   2. **예** 독서를 생활화 하자.

237

a 3. **예** 시골 여름 밤의 정취가 정겹다.   4. **예** 언어는 변화(변천)한다.

b 5. **예** 우리 나라의 만화를 사랑하자, 어린이 만화의 방송 시간대를 늘리자.   6. **예** 소풍날은 질서를 잘 지켜야 한다, 소풍은 인성 교육의 장이다.   7. 어머니의 손

238

a 1. **예** 첫 번째 입장으로 쓸 때
근거 1) - 가난한 이들을 돕는 것은 더불어 살아가야 하는 우리 사회에서 인간이 가져야 할 필수적인 덕목이기 때문에 / 2) 부익부 빈익빈이라는 말이 있듯이 가난한 사람들이 가난을 극복할 수 있는 힘과 용기를 얻을 수 있으려면 좀더 많이 가진 사람들이 가진 것을 나누어 주어야 함.
※ 위 근거를 바탕으로 하여 200자 이내로 쓸 것.

239

a **예** 그러던 어느 날 마을에 사는 욕심쟁이 진사가 갓을 만들어 달라고 왔다. 갓장이는 진사의 머리에 꼭 맞는 좋은 갓을 만들어 주었다. 그런데, 갓을 받아든 진사가 버럭 화를 내는 것이었다. "아니, 이걸 감투라고 만들었느냐? 이 따위로 만들었으니 값은 받을 생각도 말거라." 갓장이는 진사의 이런 버릇을 오래 전부터 알고 있었다. 속으로 화가 치밀었지만, 이내 방긋 웃으며 말했다. "예, 예. 그러지요. 그 갓 그냥 가져가십시오." 그리고는 그 날 밤, 도깨비 감투를 쓰고, 욕심쟁이 진사의 집에 간 갓장이는 그 동안 받지 못했던 감투 값까지 모두 가지고 나왔다.

b 1. **예** 1) 서론 - 보편적인 텔레비전 문화에 대한 언급 / 텔레비전의 보급 확대와 시청 시간대의 증가로 TV에 많은 시간을 허비하고 있는 어린이가 많은 점을 지적한 후, 어린이 프로그램만 시청하도록 하자는 주장 제기
2) 본론 - 어린이 프로그램 위주의 시청을 해야 하는 이유를 제시
(이유 1에 대한 근거 제시
- 상상력, 창의력, 정보 획득, 언어 활성성 등에 유익함 /
이유 2에 대한 근거 제시
- TV 시청하다 숙제를 하지 않고 잠이 들어 버리는 경우가 발생 /
이유 3에 대한 근거 제시
- TV를 가까이서 장시간 시청시 유해 전자파 등의 영향으로 시력에 악영향을 줌.)

240

a 1. **예** 요즘 대부분 어린이들의 하루 일과 중 큰 비중을 차지하고 있는 것은 TV 시청입니다. TV 시청이 무조건 나쁘다고는 말할 수는 없지만, 지나치게 TV시청을 좋아하는 어린이들이 늘어나고 있어 문제가 되고 있는 것입니다. 그래서 어린이들이 어린이 프로그램만 시청하지 않고 늦게까지 TV시청을 하여 발생하게 되는 여러 가지 문제점들을 알아보고자 합니다. 어린이 프로그램 위주의 시청을 하고자 주장하는 이유는 어린이 프로그램은 어린이들에게 유익하기 때문입니다. 즉, 어린이들에게 상상력과 창의력을 키울 수 있고, 여러 가지 정보를 획득할 수 있어 지식의 폭을 넓힐 수 있습니다. 만약, 어린이 시청 시간대가 지났는데도 늦게까지 TV 시청을 하게 된다면 TV시청을 하다가 숙제를 하지 않고 잠이 들어 버릴 수도 있어 그만큼 공부 시간이 줄어들 수도 있습니다. 또한, TV는 시력에 나쁜 영향을 줍니다. TV를 가까이서 장시간 시청하게 되면 유해 전자파 등의 영향으로 시력에 악영향을 주게 됩니다. 이렇듯 지나친 TV시청은 어린이들에게 여러 가지 악영향을 미치므로 어린이들은 어린이 프로그램 시청 시간대에만 TV를 시청하도록 노력해야겠습니다.

b 十年知己(십년지기)